DEFTIGES UND KÖSTLICHES AUS DER

Kartoffel-Küche

DEFTIGES UND KÖSTLICHES AUS DER

Kartoffel-Küche

KARL MÜLLER VERLAG

In gleicher Ausstattung sind bisher erschienen:

Aufläufe • Aufläufe & Gratins • Asien-Küche • Backen für jede Gelegenheit • Besser Backen mit vollwertigen Rezepten • Cocktails • Desserts • Die besten Rezepte mit Hackfleisch • Eintöpfe • Feste feiern • Fisch-Küche • Fleisch-Küche • Geflügel-Küche • Gemüse zu jeder Jahreszeit • Gesund · Schlank · Fit • Internationale Küche • Kalte Gerichte • Kartoffel-Küche • Käse-Küche • Aromatisch kochen mit Knoblauch • Nudel-Küche • Reis-Küche • Salate für jede Gelegenheit • Suppen-Küche • Trennkost • Vegetarische Küche • Vollwertküche • Weihnachtsbacken

© Karl Müller Verlag, Danziger Straße 6, D-91052 Erlangen

Konzeption: Edith Hundhausen

Titelbild: neuform-Kochstudio Mainz

7 8 9   2 1 0 0 9 8

Printed in E.E.C.

Inhalt

Zu unserem Buch:

Alle Rezepte sind – wenn nicht gesondert vermerkt – für 4 Personen bestimmt.

Abkürzungen in unserem Buch:

TK = Tiefkühl, El = Eßlöffel, Tl = Teelöffel, l = Liter, Pckg. = Packung, Msp. = Messerspitze.

Vorwort

Die Mär von der Kartoffel als „Dickmacher" ist längst überholt: Nie gab es so viele Schlankheitskuren mit Kartoffel-Rezepten wie heute.

Die Kartoffel hat sich inzwischen einen hohen Stellenwert in der Küche erobert. Sie ist als Grundnahrungsmittel anerkannt, ausgestattet mit wichtigen Nährstoffen wie Eiweiß, Mineralstoffe und Vitaminen, dicht unter ihrer Schale. Hinzu kommt ihre kulinarische Vielseitigkeit – von besten Köchen hochgelobt – in der guten Küche von Hausfrau und Köchin ideenreich praktiziert.

Hier zeigt die Kartoffel ihre ganze Vielfalt an Genüssen für Alltag und Festtag.

Wir haben für Sie eine Auswahl erprobter Rezepte – unterteilt in 10 Kapitel – in dieses Buch eingebracht. Dabei bleibt es selbstverständlich Ihnen vorbehalten, ob Sie ein Party-Rezept für das Abendbrot im Familienkreis wählen oder den Partygästen einen sättigenden Eintopf vorsetzen. Die Kapitel sind nur ein „Fahrplan für Ihren Speisezettel".

Zugute kommen heute der oft „eiligen" Köchin interessante und „schnelle" Fertigprodukte, die es möglich machen, auch eine Lieblingsspeise – u.a. Klöße und Knödel – in Kürze auf den Tisch zu zaubern. Auch diese Rezepte mit vielen Variationen enthält unser Buch.

Die Rezept-Palette ist groß und bunt. Sie wird Ihrer Phantasie kaum Grenzen setzen. Viele Rezepte werden von informativen und aussagestarken Farbbildern begleitet, die Ihnen Anregungen zum Nachvollziehen vermitteln mögen.

Viel Spaß dabei für Sie und Ihre Tischrunde!

Einführung

Die Knollenfrucht Kartoffel war ursprünglich nur bei den Inkas in Mexiko ein Nahrungsmittel, die sie auf kunstvoll angelegten Terrassen bis in 5000 Meter Höhe anbauten. Die spanischen Eroberer brachten sie nach Europa, wo sie sich dann nur langsam durchsetzte.

Heute wissen wir die Kartoffel ihrer wichtigen Inhaltsstoffe, ihres niedrigen Kaloriengehalts und ihrer Nahrhaftigkeit wegen zu schätzen.

Zusammensetzung:
100 g Kartoffeln mit Schale enthalten etwa 68 kcal/285 kJ. Darin finden wir 15 g Kohlenhydrate und 2 g Eiweiß. Der Fettanteil beträgt weniger als 1g.

Vitamine:
B1, B2, Niacin und C.

Mineralien:
Natrium, Kalium, Calcium, Phosphor und Eisen. Der geringe Natrium-, aber gleichzeitig hohe Kaliumgehalt erklärt ihre stark entwässernde Wirkung.

Untersuchungen haben gezeigt, daß sich das Vitamin C recht langsam abbaut, selbst nach einer 6-monatigen Lagerzeit (bei 10° C) ist noch die Hälfte enthalten. Bei geringeren Temperaturen sind die Verluste noch kleiner.

Für den Lebensmittelchemiker ist das leicht oxidierbare Vitamin C ein Gradmesser für die Erhaltung oder den Verlust an anderen Wirkstoffen. So geht man davon aus, daß die Erhaltung aller Vitamine und Mineralstoffe an der Erhaltung des Vitamin C gemessen werden kann.

Vitamine und Mineralien der Kartoffel sitzen nicht nur im Innern der Knolle, sondern auch direkt unter der Schale. Deshalb sollte man, vor allem bei Frühkartoffeln, die Knollen mit einer Wurzelbürste nur von Sand und Erde befreien. Wenn das gelbe Knollenfleisch durch die Schale hindurchschimmert, ist diese für die wertvollen Nährstoffe immer noch ein idealer Schutz.

Schälen sollte man Kartoffeln immer erst kurz vor dem Garen oder Zubereiten, geschälte Knollen zum Schutz vor Bräunung in Wasser einzulegen, bedeutet den sicheren Verlust vieler Nährstoffe. Wenn nicht anders möglich, kann man geschälte Kartoffeln in eine Vitamin C-Lösung einlegen, so bleibt nicht nur die gelbe Fleischfarbe erhalten, sondern auch der Nährstoffgehalt.

Die Augen sollte man nicht zu großzügig entfernen, weder beim Schälen gekochter, noch beim Schälen roher Kartoffeln, dort sitzt hochwertiges Eiweiß. Eine so kurz wie möglich gehaltene Kochzeit spart nicht nur Energie, sondern trägt zum Erhalt der Nährstoffe bei.

Wenn sich die Verwendung vom Kartoffelwasser der Salzkartoffeln anbietet, so lassen sich wertvolle Nährstoffe weitestgehend ausnutzen.

Kartoffeln sollte man immer direkt nach dem Garen servieren, langes konstantes Warmhalten bedeutet den Verlust vieler Inhaltsstoffe.

Deshalb sollten Sie Kartoffeln nach Möglichkeit in der Schale kochen – das verhindert größeren Vitaminverlust.

Die Lagerung sollte kühl (4-6° C), trocken und luftig (z.B. in Lattenkisten) erfolgen. Kartoffeln müssen vor Frost geschützt werden, da sie sonst Stärke in Zucker umwandeln und einen süßlichen Geschmack annehmen.

Auch sollte man Lichteinwirkungen vermeiden, da diese die Keimbildung fördern und an den Knollen grüne Stellen entstehen lassen, die das gesundheitsschädliche Solanin enthalten.
Keine andere Frucht läßt sich so abwechslungsreich zubereiten, verändern oder anreichern wie die Kartoffel.

Abb. S. 11: ▷
Neue Kartoffeln und Grüne
Soße mit Rindfleisch
(Rezept S. 30)

Einkauf und Einkellerung

Grundsätzlich sollte man nicht einfach Kartoffeln verlangen, sondern einen Kochtyp in Verbindung mit der Sorte wählen. Es ist zweckmäßig, von den auf dem Markt angebotenen Speisekartoffeln einige Sorten mit unterschiedlichem Kochtyp auszuprobieren, um dann schließlich die auszuwählen, die einem am meisten zusagen. Die meisten Haushalte haben einen ständigen Vorrat an Kartoffeln, auch wenn das Einkellern des Wintervorrates heute weniger Bedeutung als früher hat. Es ist praktisch, wenn man jederzeit einen Vorrat an Speisekartoffeln im Haus hat, der die bevorzugten Qualitätseigenschaften gleichbleibend garantiert.

Je nach Verwendungszweck können Sie beim Handel zwischen großer und kleiner Sortierung wählen. Es ist wichtig, darauf zu achten, daß Einkellerungskartoffeln schalenfest und damit ausgereift sind. Bei günstigen Lagerbedingungen ist, langfristig gesehen, die Einkellerung billiger als der ausschließliche Bezug in kleinen Mengen.

Kartoffellagerung in Keller- und Vorratsräumen

Einkellerungstips

- Speisekartoffeln zum Einkellern sollen gesund, unbeschädigt, gut sortiert, trocken und sauber sein.
- Vor dem Einkauf einige Knollen durchschneiden und prüfen!
- Sorten nicht vermischen!
- Knollen nur bis 40 cm Höhe behutsam auf erhöhten Lattenrost schütten! Auch eine Luftzuführung von unten muß gewährleistet sein.
- Kartoffeln nicht in Folienverpackung lagern (der Gittersack ist durchaus geeignet).
- Gute Lagerräume sind kühle, frostfreie, trockene, abgedunkelte Keller oder Vorratsräume. Das Abdecken der Knollen mit Papier oder Säcken schränkt Verdunstungsverluste ein und verhindert ein vorzeitiges Schrumpfen und Ergrünen.
- Lichteinwirkungen unbedingt vermeiden! Diese fördern die Grünverfärbung der Knollen und führen zur Bildung des gesundheitschädlichen Solanins.
- Bei feuchtkühlem Wetter Lagerräume lüften!
- Frosteinwirkung unbedingt vermeiden! Die Stärke wandelt sich während der Lagerung in Zucker um, der bei Frosteinwirkung nicht mehr verarbeitet wird, so daß die Knollen süßlich schmecken. Die günstigste Lagertemperatur liegt bei 4° C.
- Bei zu warmer Lagerung kleine Mengen bevorraten oder zugelassene keimhemmende Mittel verwenden! Sorgfältig die Gebrauchsanweisung beachten, insbesondere die Wartezeit.
- Unnötige Bewegung der Kartoffeln vermeiden! Sie würde die Keimbildung fördern.
- Keimende Knollen nur für den Tagesbedarf abkeimen!

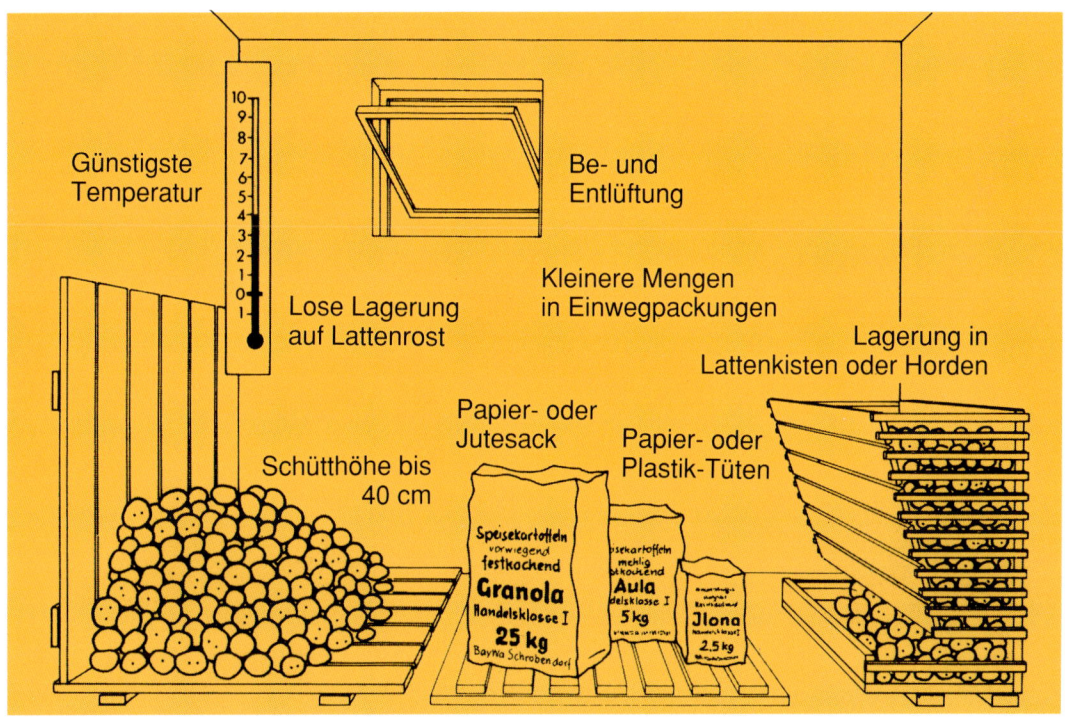

Günstigste
Temperatur

Be- und
Entlüftung

Lose Lagerung
auf Lattenrost

Kleinere Mengen
in Einwegpackungen

Lagerung in
Lattenkisten oder Horden

Schütthöhe bis
40 cm

Papier- oder
Jutesack

Papier- oder
Plastik-Tüten

Speisekartoffeln
vorwiegend
festkochend
Granola
Handelsklasse I
25 kg
Bayna Schrobendorf

Speisekartoffeln
mehlig
kochend
Aula
delsklasse I
5 kg

Jlona
2,5 kg

Küchenwerkzeuge

Kartoffelschälmesser
Mit ihm schälen Sie Kartoffeln
sparsamer, vor allem aber dün-
ner – was sinnvoll ist, da wich-
tige Nährstoffe bei der Kartoffel dicht unter der Schale liegen.

Kartoffelstampfer
Er ist praktischer als eine Kartoffelpresse, weil er sich leichter reinigen läßt. Sie brauchen

ihn, um herrlichen Kartoffelbrei zu stampfen. Achten Sie
bitte immer darauf, daß die
Kartoffeln beim Zerdrücken
dampfend heiß sein müssen.

Kartoffelausstecher
Er ist kein Muß, bringt aber
Pfiff in die Küche. Mit ihm
können Sie Kartoffelbällchen
aus großen, rohen, geschälten
Kartoffeln stechen – was sich

sehr dekorativ macht. Die Kartoffelreste werden nicht wegge-
worfen, sie dienen als Grundla-
ge für eine deftige Kartoffelsuppe. So, und nun Küche frei
für eine vergnügliche und
genüßliche Weltreise durch die
Vielfalt der Kartoffel. Wir
wünschen viel Spaß beim
Kochen und vor allem guten
Appetit.

Kartoffel ist nicht gleich Kartoffel

Das Kartoffelsortiment bietet z.Z. ca. 132 Sorten der verschiedenen Reife- und Eigenschaftsgruppen an. Man unterscheidet Speise- und Wirtschaftssorten, in beiden Gruppen wiederum Sorten, die zusätzlich noch Veredlungseigenschaften und außerdem Reifezeiten von Mitte Juni bis Ende September aufweisen. Auch Fachleute können nicht die Eigenschaften aller Sorten kennen. Darum gibt das Bundessortenamt, wie im Saatgutverkehrsgesetz verankert, jährlich die „Beschreibende Sortenliste Kartoffeln" heraus. Außerdem werden Informationen über Kartoffelsorten von Landwirtschaftskammern und ähnlichen Institutionen sowie von Handelsfirmen veröffentlicht. Einige Sorten haben nur regionale Bedeutung oder kommen für den Speisekartoffelmarkt nicht in Frage. Dafür sind andere ausgesprochene Spitzenreiter im Speisekartoffel-Angebot.

Frühkartoffeln werden z.T. unter Folie angebaut. Dadurch gibt es bereits ab Anfang Juni Frühkartoffeln deutscher Herkunft. Sie werden traditionell vor allem in Baden, in der Pfalz, am Niederrhein sowie im Raum Hannover angebaut.

Die ersten Frühkartoffeln sind eine besondere Delikatesse. Sie sind zum Schälen zu schade und sollten am besten nur kräftig unter Wasser abgebürstet werden.

Sehr frühe Sorten eignen sich im allgemeinen nicht für die Einkellerung, da sie ihre guten Speiseeigenschaften schnell verlieren, sehr früh keimen und welken.

Frühe Sorten dienen der Anschlußbevorratung und können bis zum Herbst gelagert werden, einige auch länger.

Mittelfrühe Sorten werden Ende August geerntet. Sie lösen die Frühkartoffeln am Markt ab und sind für die Einkellerung geeignet.

Mittelspäte bis sehr späte Sorten haben zwar gegenüber den mittelfrühen Speisesorten an Bedeutung verloren, werden aber zur Einkellerung angeboten.

500 g Kartoffeln = 10 kleine Kartoffeln; 500 g Kartoffeln = 5 mittelgroße Kartoffeln; 500 g Kartoffeln = 2 sehr große Kartoffeln.

Sehr frühe Sorten
(zum Sofortverbrauch nach der Ernte bestimmt)

Sorte	Form	Schale	Fleischfarbe	Mängel im Geschmack	Kochtyp nach Handels-klassenverordnung und Sonstiges
Christa	langoval lang, flach-äugig	genetzt, gelb	gelb	gering	vorwiegend festkochend
Gloria	langoval bis lang, flach-bis mittel-tiefäugig	glatt, hellgelb	gelb	gering	vorwiegend festkochend
Hela	langoval lang	genetzt, ocker	gelb	gering	vorwiegend festkochend; Oberfläche matt; springt etwas auf. Gute Speise-eigenschaften auch noch einige Zeit nach der Ernte
Ukama	langoval bis lang, flach-äugig	genetzt, gelb	gelb	gering	vorwiegend festkochend
Atica	langoval bis lang, Augentiefe flachmittel	hellgelb	gelb bis tiefgelb	gering	vorwiegend festkochend
Carola	langoval bis lang flachäugig	gelb, genetzt	gelb	gering	vorwiegend festkochend
Saskia	rund- bis langoval, Augen flach	hell	hellgelb	gering	vorwiegend festkochend
Erstling*)	langoval bis lang, flachäugig	hellgelb, glatt	hellgelb	gering bis mittel	vorwiegend festkochend

*) nicht mehr in der Sortenliste des Bundessortenamtes. Sorte kann aber im Bundesgebiet angebaut und vermehrt werden.

Frühe Sorten					
Sorte	Form	Schale	Fleischfarbe	Mängel im Geschmack	Kochtyp nach Handels-klassenverordnung und Sonstiges
Berolina	rund- bis langoval, mitteltief-äugig	genetzt, gelb	hellgelb	gering	vorwiegend festkochend; läßt sich einlagern
Cilena	lang, flachäugig	genetzt, gelb	dunkel-gelb	gering bis mittel	festkochend
Cinja	langoval bis lang	genetzt	dunkel-gelb	gering bis mittel	vorwiegend festkochend
Sieglinde	langoval bis lang, mittel-tiefäugig	glatt, ocker	gelb	gering	festkochend, formbehal-tend; für längere Einkelle-rung nicht geeignet

Sieglinde

Mittelfrühe Sorten
(zur Einkellerung geeignet)

Sorte	Form	Schale	Fleischfarbe	Mängel im Geschmack	Kochtyp nach Handelsklassenverordnung und Sonstiges
Grandifolia	rundoval langoval, flachäugig	rauh, hellgelb bis ocker	gelb bis tiefgelb	gering	vorwiegend festkochend
Hansa	langoval bis lang, flachäugig	genetzt, gelb	gelb	sehr gering bis gering	festkochend glatt, nach dem Kochen feucht, besonders für Kartoffelsalat und Salzkartoffeln geeignet
Bintje*)	langoval, flachäugig	hell bis weißlich	hellgelb	mittel	mehligkochend; besonders für Pommes frite geeignet
Clivia	rundoval bis langoval, flachäugig	genetzt, ocker	gelb bis tiefgelb	gering	vorwiegend festkochend, tendiert zu lockerem, mehligem Typ
Culpa	rund- bis langoval, matt, Augen flach-mitteltief	ocker	gelb bis tiefgelb	gering bis mittel	vorwiegend festkochend
Granola	rundoval bis langoval, flach- bis mitteltiefäugig	rauh, gelb bis tiefgelb	gelb	gering bis mittel	vorwiegend festkochend
Grata	rund bis rundoval, mitteltiefäugig	rauh, matt ocker	gelb bis tiefgelb	sehr gering bis gering	vorwiegend festkochend, springt wenig auf; formbehaltende Kartoffel
Irmgard	rund bis rundoval, Augen mitteltief	genetzt, ocker	gelb	mittel	mehligkochend; lockere, trockene Kartoffel, besonders für Püree, Eintopf und Klöße geeignet
Jetta	rundoval bis langoval, Augen mitteltief	glatt, hellgelb	gelb	gering	vorwiegend festkochend
Linda	langoval bis lang	genetzt	dunkelgelb	sehr gering bis gering	festkochend

*) Nicht in der Sortenliste des Bundessortenamtes eingetragen. Bintje kann aber im Bundesgebiet angebaut und vermehrt werden.

Clivia

Grata

19

Mittelfrühe Sorten (zur Einkellerung geeignet)					
Sorte	Form	Schale	Fleischfarbe	Mängel im Geschmack	Kochtyp nach Handelsklassenverordnung und Sonstiges
Linda	langoval bis lang	genetzt	dunkelgelb	sehr gering bis gering	festkochend
Nicola	langoval bis lang, flachäugig	glatt, hellgelb	gelb	sehr gering bis gering	festkochend
Selma	langoval bis lang, Augen flach	glatt, gelb	tiefgelb	gering	festkochend
Ulla	langoval bis lang, Augen flach	glatt genetzt, ocker	gelb	gering	vorwiegend festkochend

Hansa

Mittelspäte bis sehr späte Sorten (zur Einkellerung gut geeignet)					
Sorte	Form	Schale	Fleischfarbe	Mängel im Geschmack	Kochtyp nach Handels-klassenverordnung und Sonstiges
Aula	rundoval bis langoval, Augen flach	rauh, gelb bis ocker	gelb bis tiefgelb	gering bis mittel	mehligkochend
Datura	rundoval bis oval, Augen tief	genetzt ocker	gelb	gering	mehligkochend, matt und trocken
Monza	rundoval bis langoval, flach- bis mitteltief-äugig	gelb genetzt	dunkelgelb	gering bis mittel	mehligkochend, besonders für Eintopf geeignet

Datura

Abb. S. 23: ▷
Sahnekartoffeln (Rezept S. 32)

Kartoffeln – die ideale Beilage

23

Salzkartoffeln *(Grundrezept)*

▷

Kartoffeln mit gutem, ausgeprägtem Geschmack, festkochend oder vorwiegend festkochend, waschen, schälen, in ungefähr gleichgroße Stücke schneiden, in kaltes Wasser legen, aber nicht längere Zeit wässern, weil die Kartoffeln sonst Vitamine, Mineralstoffe und Geschmack verlieren. Man sollte sie mit einem nassen Tuch bedecken, bis sie in den Kochtopf kommen. Die Kartoffeln in einem Kochtopf mit gut schließendem Deckel aufsetzen, soviel kaltes Wasser auffüllen, daß es höchstens 2 Finger breit unter den obersten Kartoffeln steht. Höchstens 1 Teelöffel Salz in 1 Liter Wasser geben. Im geschlossenen Topf bei mittlerer Hitze ca. 20 Minuten (vom Kochen an gerechnet) garkochen lassen. Garprobe mit spitzem Küchenmesser. Die Kartoffeln lassen sich ohne Widerstand einstechen und müssen leicht vom Messer abgleiten. Wasser abgießen. Die Kartoffeln ohne Deckel im Topf ein bis zwei Minuten abdampfen lassen, dabei ein- oder zweimal aufschütteln. Werden die Kartoffeln nicht gleich serviert, nach dem Abdampfen mit einem weißen, sauberen Tuch, das den Dampf aufnehmen kann, und mit einem Deckel zudecken.

Brühkartoffeln

2 l Wasser mit Salz
ein paar Pfefferkörner
1–2 Lorbeerblätter
750 g Rindfleisch
½ geschälte Sellerieknolle
1 Porreestange
3 große, geputzte Möhren
1 kg Kartoffeln
Kümmel
2 El feingehackte Petersilie

Wasser mit Salz, Pfefferkörnern und Lorbeerblättern zum Kochen bringen. Rindfleisch (gut abgehangen, am besten Brustfleisch) hineingeben. Eine halbe Stunde später geschälte Sellerieknolle, Porreestange und geputzte Möhren in der Rindfleischbrühe garkochen lassen. Kartoffeln, vorwiegend festkochend, schälen, in nicht zu kleine Würfel schneiden und mit ca. 1½ l der Fleischbrühe auffüllen. Die Kartoffeln 20 bis 30 Minuten, je nach Sorte, garen. Mit Kümmel bestreuen. Einmal aufkochen lassen, umrühren und noch etwas durchziehen lassen. Gehackte Petersilie darüberstreuen. Evtl. noch etwas nachwürzen. Das in Scheiben geschnittene Fleisch und das Gemüse kann nun zusammen mit den Bouillonkartoffeln auf einer Platte angerichtet und serviert werden.

Frühkartoffeln (Juni bis August) sind schneller gar. Man kann sie auch gleich in kochendem Waser aufsetzen. Eine Messerspitze Butter ins kochende Wasser gerührt, verhindert das Überkochen. Im Kartoffeltopf dämpfen, ca. 3 cm hoch Salzwasser, evtl. Kümmel darüberstreuen. Dampfzeit ca. 8 Minuten. Auf Angaben des Produzenten achten.

Pellkartoffeln *(Grundrezept)*

▷

1 kg Kartoffeln
1 Tl Salz
1 Tl Kümmel
Zwiebel, Nelke, Lorbeerblatt
oder 1 Knoblauchzehe

Kartoffeln, festkochend oder vorwiegend festkochend, gut waschen, evtl. abbürsten. In einem Kochtopf mit gut schließendem Deckel in kaltem Wasser aufsetzen, Salz und entweder Kümmel, Zwiebel, Nelke, Lorbeerblatt oder Knoblauchzehe nach Geschmack und nach Verwendung der Kartoffeln in das Wasser geben. Das Wasser braucht die Kartoffeln nicht bedecken.
20 bis 25 Minuten bei mittlerer Hitze kochen. Sofort Wasser abgießen und im offenen Topf ca. 2 Minuten abdämpfen, ein- bis zweimal aufschütteln, bis

die Kartoffeln abgetrocknet sind. Für die Weiterverarbeitung die Kartoffeln pellen oder in einer Schüssel mit Stoffserviette und Deckel bedeckt servieren.

Zur Pellkartoffel:
Die Schale ist der beste Schutz der Kartoffel. Alle Nähr- und Geschmacksstoffe bleiben darunter erhalten. Von Ende Juni bis September, wenn es die Speisefrüh- oder die frischen Sommerkartoffeln gibt, ist es ein besonderer Genuß, die Schale mitzuessen. Geeignet sind festkochende oder vorwiegend festkochende Kartoffeln mit gutem Geschmack und gelber Fleischfarbe. Pro Portion rechnet man 3 mittelgroße Kartoffeln, das sind etwa 250 bis 270 g.

Empfehlung:
Ein Tuch in eine Schüssel legen und damit die heißen Kartoffeln zudecken, das hält sie eine Weile warm. Es gibt auch speziell isolierte Leinensäckchen für diesen Zweck im Handel.

Serviervorschläge:
Pellkartoffeln passen zu allen Fleisch-, Fisch- und Gemüsegerichten, zu gegrilltem Fleisch mit Kräuterbutter, Quarkmischungen, Frankfurter Grüner Sauce, mit angemachtem Camembert, mit Harzer oder Mainzer Käse und Kümmel, mit Frischkäse in verschiedenen Varianten, mit ausgebratenen Speckwürfeln und Zwiebeln.

Das Schälen der Pellkartoffeln kann man auch den Gästen überlassen, wenn man dafür Spezial-Pellkartoffelgabeln und gut geschärfte Schälmesser reicht.

Neue (Pell-)Kartoffeln mit Buttermischungen ▷

Zum Sattessen reicht man je Portion:
500 g Speisefrühkartoffeln

Speisefrühkartoffeln beim Waschen gut bürsten. In kaltem Wasser mit Salz und Kümmel aufsetzen und 15 bis 20 Minuten kochen. Sie sind gar, wenn man mit einem spitzen Messer hineinsticht und die Kartoffel leicht wieder abrutscht.

Kartoffeln nach Abdämpfen pellen, oder für die Party ungepellt in Serviette anbieten. Man kann neue Kartoffeln nur mit Butter und Salz oder mit würzigen Buttermischungen genießen.

Kräuterbutter

200 g weiche Butter
1 Tl Salz
1 Tl Zitronensaft
1 El Dill, Estragon,
Kerbel, Petersilie,
Pimpinelle, Sauerampfer,
Schnittlauch,
Zitronenmelisse

Weiche Butter sahnig rühren. Mit Salz, Zitronensaft und den gehackten Kräutern vermischen. Sind nicht alle Kräuter

zur Hand, kann man von den vorhandenen entsprechend mehr nehmen.

Kaviarbutter

200 g weiche Butter
50 g deutschen Kaviar
1 Spritzer Worcestersauce und Tabasco
Zitronensaft

Butter sahnig rühren. Kaviar und Würzen hinzufügen. Mit Zitronensaft abschmecken.

Empfehlung:
Kartoffeln mit gewürzter Butter eignen sich auch zur Party.

Bouillonkartoffeln zu gekochtem Rindfleisch ▷

¼ l Fleischbrühe (aus Rindfleisch)
50 g Suppengrün (Möhren,
Porree, Sellerie, Petersilie)
oder
1 Pckg. TK Suppengrün
(50 g)

1 Pckg. Bratkartoffeln im Frische-Pack
250 g gekochtes Rindfleisch
2 El geriebener Meerrettich

Fleischbrühe und kleinge-
schnittenes Suppengrün aufko-

chen. Bratkartoffeln aus dem
Frische-Pack dazugeben und
8 bis 10 Minuten bei schwacher
Hitze kochen lassen. Das
gekochte Rindfleisch in Scheiben schneiden und mit dem
Meerrettich dazu servieren.

Neue Kartoffeln und Grüne Soße mit Rindfleisch (Abb. S. 11)

750 g Rindfleisch
1 l kochendes Wasser
1 Bund Suppengrün
1 Tl Salz
1 ½ kg Speisefrühkartoffeln
1 Pckg. Frankfurter Grüne
Soße
bzw.:
2 Becher Joghurt natur
¼ l saure Sahne
3 El Mayonnaise
1 Tl Senf
Salz
Pfeffer
6 El feingehackte Kräuter

Rindfleisch in kochendes
Wasser geben und mit Suppengrün (ein Stück Sellerie, Porree, Möhren, Petersilienwur-
zeln, Zwiebeln sowie Nelken
und Lorbeerblatt) und Salz
garen. Kartoffeln kochen und
abpellen.
Frankfurter Grüne Soße aus
Joghurt, saurer Sahne, Mayonnaise und Senf rühren und mit
Salz und Pfeffer würzig
abschmecken. Mit Kräutern
(Petersilie, Schnittlauch,
Borretsch, Pimpinelle, Sauer-

ampfer, Kresse, Kerbel) und
Eiern (grob zerkleinert) gut
mischen.
Das Rindfeisch in Scheiben
schneiden und die Kartoffeln
mit der Grünen Soße dazu
servieren.

Zum Kochen möglichst gleichgroße Kartoffeln nehmen, damit sie auch gleichzeitig gar werden.

Béchamelkartoffeln

1 kg Kartoffeln
Kümmel
Salz
75 g durchwachsener, geräucherter Speck oder Schinken
1 El Butter
1 große Zwiebel
1 El Mehl
¼ l Kalbsbrühe oder Milch
¼ l Sahne
Salz
Pfeffer
Muskat
Petersilie

Kartoffeln, vorwiegend festkochend, mit Schale in Salzwasser mit Kümmel eben garen, pellen und warmstellen. Speck oder Schinken in der Zwischenzeit in Streifen schneiden und in Butter bräunen, Zwiebel würfeln und andünsten, mit Mehl überstäuben und rühren, bis das Mehl sich leicht färbt. Nun unter starkem Rühren mit Kalbsbrühe oder Milch und Sahne ablöschen. Mit Salz, Pfeffer und Muskat pikant abschmecken. Kartoffeln ganz oder in Scheiben geschnitten in die Sauce geben, durchziehen lassen und mit Petersilie bestreut servieren.

Dazu gibt es:
frischen Salat, Siedewürstchen, gebratenes Fleisch oder Blutwurst.

Ein preiswertes, schnelles und wohlschmeckendes Essen.

Sahnekartoffeln (Abb. S. 23)

1 kg kleine Kartoffeln
60 g Butter
2 zerriebene Knoblauchzehen
2 El gehackte Zwiebeln
Salz und Pfeffer
1 Becher süße Sahne
2 El gehackte Petersilie

Kartoffeln (festkochende) gut waschen und in wenig Wasser in der Schale etwa 20 Minuten garen. Dann abgießen und pellen. Butter in einer Kasserolle schmelzen. Knoblauchzehen, Zwiebeln sowie Salz und Pfeffer dazugeben. Die gepellten Kartoffeln darin anbraten, süße Sahne dazugießen, durchkochen lassen und alles mit Petersilie bestreuen.

Dazu passen: Kurzgebratenes Fleisch, Fisch und gemischter Salat.

Kartoffeln lassen sich leichter pellen, wenn sie vorher mit kaltem Wasser abgeschreckt sind.

Bratkartoffeln *(Grundrezept)*

Die Kartoffeln aus der Pfanne, schön goldbraun und kroß gebraten, sind Hit und Geheimtip zugleich. Mit etwas Speck und Zwiebeln veredeln sie praktisch jedes Fleischgericht. Wählen Sie festkochende Kartoffeln mit gutem Geschmack und goldgelber Farbe.
Es gibt zwei unterschiedliche Zubereitungsarten: die Bratkartoffeln aus gekochten und die aus rohen Kartoffeln.

Aus gekochten Kartoffeln:

Die Kartoffeln werden am besten am Vortag in der Schale nicht ganz weich gekocht und gepellt. Vor der Zubereitung als Bratkartoffeln in nicht zu dünne Scheiben schneiden. Butter oder Öl, beides gemeinsam oder ausgelassener Speck – ganz nach Geschmack – müssen gut heiß sein, bevor die Kartoffelscheiben in die Pfanne kommen. Das ist sehr wichtig, damit die Bratkartoffeln nicht zu viel Fett aufnehmen.
Am besten werden sie, wenn die Scheiben in einer Schicht nebeneinanderliegen und mit zwei Gabeln auch einzeln gewendet werden. Dann auf mittlere Hitze herunterschalten. Die Kartoffeln werden so lange gebraten, bis der gewünschte Bräunungsgrad erreicht ist. Das dauert ungefähr 10 bis 15 Minuten. Gewendet werden die Bratkartoffeln, die schön kroß werden sollen, immer erst dann, wenn der angebräunte Rand der Scheiben anzeigt, daß die Unterseite bereits braun geworden ist. Zum Schluß salzen und pfeffern. Bratkartoffeln schmecken am besten, wenn sie außen knusprig und innen weich sind.

Aus rohen Kartoffeln:

Rohe Kartoffeln schälen und in dünne Scheiben, Würfel oder Stifte schneiden. Öl oder ausgebratenen Speck in der Pfanne erhitzen, die Kartoffeln dazugeben und bei mittlerer Hitze zunächst 10 Minuten unter dem geschlossenen Deckel anbraten. Dann salzen, pfeffern und in der offenen Pfanne weitere 20 Minuten schön goldbraun rösten. Bratkartoffeln brauchen viel Zeit, denn wer bei starker Hitze das Bräunen erzwingen will, riskiert höchstens schwarze, angebrannt schmeckende Stücke.

Bratkartoffeln mit Eiern und Kräutern

▷

1 kg Kartoffeln
60 g Butter
2 große Zwiebeln
6 Eier
⅛ l Schlagsahne
Salz
weißer Pfeffer
je 1 El gehackte Petersilie und
Schnittlauch

Kartoffeln, festkochend, kochen, die Schale abziehen und in Scheiben schneiden. Butter in einer großen Pfanne erhitzen. Kartoffelscheiben darin goldbraun braten. Zwiebeln schälen und würfeln und zwischendurch zu den Kartoffeln geben. Eier und Schlagsahne verquirlen. Mit Salz und frisch gemahlenem Pfeffer abschmecken. Petersilie und Schnittlauch unterheben. Alles zusammen auf die Bratkartoffeln gießen und stocken lassen.

Dazu gibt es: eine große Schüssel Salat nach Geschmack.

Kartoffelpüree *(Grundrezept)*

△

1 kg Kartoffeln, mehlig
kochend
¼ l Milch
40–50 g Butter oder
Margarine
Salz
1 Zwiebel

Kartoffeln als Pellkartoffeln
garen, pellen oder auch als
Salzkartoffeln kochen.

Kartoffeln durch die Kartoffelpresse drücken.
Kochende Milch bei kleinem
Feuer hinzugeben und gut
durchschlagen bis der Brei
locker ist.
Butter oder Margarine darunter
rühren.
Das Püree mit wenig Salz
abschmecken und mit gerösteten Zwiebelringen servieren.

Empfehlung: Kartoffelpüree
schmeckt besonders gut zu
Sauerkraut mit Kasseler, aber
auch zu Bratwurst mit Rotkohl,
Spiegeleiern und Salat, Leipzi-
ger Allerlei mit Schnitzel und
zu Leber mit Äpfeln und Zwiebeln.

Kartoffelbrei mit Schinken

(Für 3 Personen)

1 Pckg. Kartoffelbrei
(3 Portionen)
¼ l Wasser
¼ l Milch
10 g Butter
Muskat
50 g gekochter Schinken

Wasser und Milch zusammen aufkochen. Topf von der Kochstelle nehmen und Packungsinhalt kurz einrühren. Butter und Muskat dazugeben. Kartoffelbrei nach einer Minute mit dem Schneebesen kräftig durchrühren. Schinken in dünne Scheiben schneiden und über den Kartoffelbrei geben.

Dazu passen: Gefüllte Tomaten und Zucchini.

Püree mit Edelpilzkäse überbacken

(Für 3 Personen)

½ l Wasser
1 Pckg. Flocken-Püree mit
Milch (3 Portionen)
Muskat
80 g Edelpilzkäse
(z.B. Bavariablu)

Wasser zum Kochen bringen und in eine Schüssel gießen. Flocken-Püree mit Milch einrühren. Mit Muskat abschmekken. Püree in eine kleine, flache Auflaufform geben. Edelpilzkäse in dünne Scheiben schneiden und diese auf das Püree legen. Im vorgeheizten Backofen bei starker Hitze überbacken oder unter den Grill stellen, bis der Käse goldgelb ist.

Dazu passen: Schweinsmedaillons in Pfifferlingsauce.

Bunte Püreeplatte

½ l Wasser
1 gestrichener Tl Salz
¼ l Milch
20 g Butter oder Margarine
1 Pckg. (für 4 Portionen)
Püreeflocken
1 El feingeschnittener Schnittlauch
1 El gehackter Dill
1 El gehackte Petersilie
4 Eier
Sardellenpaste
40 g zerlassene Butter oder
½ Flasche Tomatenketchup

Wasser und Salz zum Kochen bringen und in eine Schüssel gießen. Kalte Milch und Butter oder Margarine dazugeben. Püreeflocken einstreuen und kurz unterrühren. Nach einer Minute mit dem Schneebesen durchrühren.
Püree auf einer vorgewärmten Platte flach anrichten. Kräuter miteinander mischen und darüberstreuen. Die hartgekochten, aber noch warmen Eier halbieren und auf das Püree setzen. Auf jedes Eigelb etwas Sardellenpaste oder eine Sardelle geben.

Dazu paßt:
Butter oder Tomatenketchup.

Reste von Kartoffelpüree lassen sich sehr gut zum Einschichten für Aufläufe verwenden. Mit Gemüse- und Fleischresten können Sie schnell leckere und preiswerte Gerichte herstellen. Außerdem kann man Reste sehr gut zum Andicken von Suppen verwenden.

Kartoffelbrei garniert mit Bröseln

(Für 3 Personen)

¼ l Wasser
¼ l Milch
1 Pckg. Kartoffelbrei
(3 Portionen)
20 g Butter oder Margarine
½ Knoblauchzehe
50 g Semmelbrösel
1 El gehackte Petersilie

Wasser und Milch zusammen aufkochen. Topf von der Kochstelle nehmen und Packungsinhalt kurz einrühren.
Kartoffelbrei nach einer Minute mit dem Schneebesen kräftig durchrühren.
In heißer Butter oder Margarine feingehackten Knoblauch und Semmelbrösel goldbraun rösten. Petersilie daruntermischen und vor dem Servieren über den Kartoffelbrei geben.

Dazu passen:
Rouladen und Sauerkraut.

Bayerischer Kartoffelbrei

1 kg Kartoffeln, mehligkochend, geschält, gekocht und zerstampft
oder 4 Portionen Kartoffelbrei-Fertigprodukt
(abgegossenes Kartoffelwasser aufheben und wieder verwenden)
¼ l Milch, heiß
25 g Butter
2 El fein geriebener, frischer Meerrettich
Salz

Milch und Butter zu den zerstampften warmen Kartoffeln geben.
Masse tüchtig schlagen, damit der Brei locker und geschmeidig wird.
Im letzten Augenblick den geriebenen Meerrettich daruntermischen und heiß anrichten.

Dazu paßt besonders gut:
kurzgebratenes Fleisch mit Kohlrabi.

Empfehlung:
Den Rest des frischen Meerrettichs in eine Folie wickeln und in der Tiefkühltruhe aufbewahren.

Wenn der Kartoffelbrei zu trocken ist, einfach etwas warme Milch dazugeben.

Porree im Kartoffelrand

▷

(Für 3 Personen)

1 kg Porree
¼–⅜ l gesalzenes Wasser
20 g Butter oder Margarine
1 El Mehl
1 Ecke (62,5 g) Sahne-Schmelz-käse
Muskat
Pfeffer
Salz
½ l Wasser
1 Pckg. Flocken-Püree mit Milch (3 Portionen)
1 El Butter oder Margarine
75 g durchwachsener Räucher-speck in dünnen Scheiben

Porree putzen, waschen und in etwa 2 cm große Stücke schneiden. In kochendem Salzwasser ca. 15 Minuten garen, herausnehmen und abtropfen lassen. Kochwasser aufheben. Aus Butter oder Margarine und Mehl eine Mehlschwitze herstellen und mit Porreewasser ablöschen. Mehlschwitze aufkochen lassen und Schmelzkäse bei schwacher Hitze darin schmelzen. Soße mit Muskat, Pfeffer und evtl. Salz abschmecken und über den Porree gießen. Für das Püree das kochende Wasser in eine Schüssel gießen und die Püreeflocken einrühren. Eine feuerfeste Form ausfetten und das Kartoffelpüree mit einem Löffel locker am Rand verteilen. Porreegemüse in die Mitte füllen und Räucherspeckscheiben darauf legen. Im vorgeheizten Backofen (E-Herd: 250° C, Gasherd: Reglerstufe 5) etwa 10 Minuten überbacken, bis der Püreerand leicht gebräunt und der Speck knusprig ist.

Dauphine-Kartoffeln

500 g mehligkochende Kartoffeln, geschält, gekocht und zerdrückt oder 2 Portionen Kartoffelpüree-Fertigprodukt (Kartoffelwasser abfangen und später verwenden)
Salz
frisch geriebene Muskatnuß

Brandteig:
80 g Mehl
⅛ l Wasser
1 El Butter
2 Eier

1 Msp. Backpulver
1 Prise Salz

Zum Fritieren:
500 g Fett

Für den Teig Wasser, Butter und Salz in einem großen Topf aufkochen lassen. Topf vom Herd nehmen. Das ganze Mehl auf einmal in die heiße Flüssigkeit schütten. Topf wieder auf die Platte setzen. Mit dem Löffel kräftig abrühren bis ein Kloß entsteht und sich eine weiße Haut am Topfboden bildet. Masse in eine Rührschüssel geben. Mit einem Elektromixer Eier nach und nach dazugeben. Kartoffeln, Muskatnuß und Backpulver zufügen. Mit dem Löffel Nockerln abstechen und in heißem Fett (Friteuse 150° C) 4 bis 5 Minuten backen.

Dazu passen:
Fleisch- und Wildgerichte.

Knusprige Kroketten aus Kartoffelteig

(Grundrezept)

▷

Aus fein passierten Pell- oder Salzkartoffeln kann man einen lockeren Teig herstellen und zu fingerlangen panierten, goldbraunen Kroketten verarbeiten.

1 kg Kartoffeln
75 g weiche Butter
100 g Mehl
3 Eier
1 Prise Salz
Muskat
Pflanzenöl
1 verquirltes Ei
Semmelbrösel

Kartoffeln kochen, schälen oder pellen und durch eine Kartoffelpresse drücken. Butter, Mehl und Eier dazugeben. Mit Salz und Muskatnuß würzen. Zu einem glatten Kartoffelteig kneten und eine Stunde kühlstellen.
In der Zwischenzeit das Pflanzenöl in der Friteuse erhitzen. Den Kartoffelteig zu einer Rolle formen, ca. 2 cm dicke, daumenlange Stücke davon abschneiden. Die Kroketten in Ei und Semmelbröseln panieren. In der Friteuse schwimmend ca. 10 Minuten ausbacken.

Dazu gibt es:
knusprig gebratene Hähnchenkeulen und gedünstetes feines Gemüse wie Erbsen, Möhren und Blumenkohl servieren. Gemüse zum Schluß mit einem Stück frischer Butter krönen.

Gefüllte Kartoffelrolle

1 Pckg. Krokettenpulver
2 fein geschnittene große Zwiebeln
400 g gemischtes Hackfleisch
1 verschlagenes Ei
1 El frische Semmelbrösel
Salz
Pfeffer aus der Mühle
Paprikapulver edelsüß
2 feingehackte Gewürzgurken
Mehl
1–2 El Butter
2–3 El Öl

Krokettenpulver nach Packungsvorschrift in Wasser einrühren und quellen lassen. Oder Kroketten aus Speisekartoffeln herstellen (Grundrezept). Feingeschnittene Zwiebeln anbraten, bis sie gut glasig sind. Abkühlen lassen. Mit Hackfleisch, Zwiebeln, Ei, Semmelbröseln, Salz, Pfeffer, Paprikapulver und feingehackten Gewürzgurken zu einem Fleischteig kneten. Kartoffelteig ebenfalls durchkneten und auf ein mit Mehl bepudertes Stück Alufolie gut 1 cm dick ausrollen. Es soll ein längliches Rechteck entstehen. Dieses mit dem Fleischteig bestreichen und zu einer Walze zusammenrollen. Daraus schräge Scheiben von knapp 2 cm Dicke schneiden und in der erhitzten Mischung aus Butter und Öl von beiden Seiten knusprig braten. Auf Küchenkrepp entfetten. Heiß zu gemischtem oder grünem Salat servieren.

Pommes frites aus frischen Kartoffeln *(Grundrezept)*

1 kg festkochende Kartoffeln
Backfett zum Ausbacken
Salz

Kartoffeln schälen, in ca. 1 cm dicke Scheiben schneiden, dann in 1 cm breite und 3–4 cm lange Stifte schneiden. Stifte zum Trocknen mit Haushaltspapier oder einem sauberen Tuch abtupfen.
Das Backfett in einer Pfanne erhitzen. Kartoffelstifte in 4 Portionen teilen. Jede Portion einzeln in das heiße Fett geben und in 2 bis 3 Min. hellgelb backen. Mit dem Schaumlöffel herausnehmen, auf ein mit Haushaltspapier belegtes Backblech geben. Nach Abkühlung erneut im heißen Fett goldgelb backen. Herausnehmen, auf Haushaltpapier abtropfen lassen und in einer vorgewärmten Schüssel warm halten. Mit Salz bestreuen, sofort servieren.

Pommes frites (tiefgekühlt oder vorgegart) ▷

Tiefgekühlte Pommes frites unaufgetaut direkt in einer tiefen Pfanne mit Öl oder in der Friteuse bei 180° C goldbraun backen lassen.
Die vorgegarten Pommes frites auf ein mit Backpapier ausgelegtes Backblech ausbreiten und im vorgeheizten Backofen bei 250° C 10 bis 15 Minuten backen. Öfters wenden, damit sie rundherum braun werden. Nach dem Backen mit Salz bestreuen.

Man rechnet pro Person ca. 250 g Pommes frites.

Empfehlung: Pommes frites lassen sich sehr gut mit Paprikapulver, Currypulver, geriebener Muskatnuß oder getrockneten Kräutern variieren.
Man kann sie auch mit Käse überbacken. Sie schmecken gut zu Hähnchen, Schnitzeln, Steaks, Spiegel- oder Rühreiern, Omeletts, Fisch, Salat, Brat- oder Brühwurst.

Sollten sich bei der Lagerung der Tiefkühl-Pommes frites Schneekristalle gebildet haben, entfernen Sie diese, sonst spritzt das Fett, oder die vorgegarten Pommes frites werden weich. Mit Salz bestreuen und gut durchschütteln, damit jedes Kartoffelstäbchen seine Würze bekommt.

Gewürzte Hähnchenkeulen mit Pommes frites

4 Hähnchenkeulen
Salz, Pfeffer
Paprikapulver edelsüß
Rosmarin
1 Beutel tiefgekühlte Pommes
frites

Hähnchenkeulen mit Salz, Pfeffer, Paprika und Rosmarin einreiben. Auf ein mit Alu-Folie belegtes Blech geben und im Backofen bei 200° C ca. 45 Minuten braten lassen oder in der Pfanne mit Öl garen. Pommes frites auf ein Backblech legen und bei ca. 200° C

20 Minuten im Backofen bräunen. Öfter wenden und zum Schluß mit Salz bestreuen. Im Umluftherd kann man beides gleichzeitig garen!

Dazu paßt: Gemischter Salat mit Joghurt-Dressing.

Pommes duchesse

1 kg Kartoffeln
Wasser mit Salz
200 g Butter oder
Margarine
etwas Muskat
6 Eigelb
Butter oder Margarine
zum Einfetten

Kartoffeln schälen und waschen. In einem Topf mit Wasser und Salz kochen. Die garen Kartoffeln durch ein

Sieb pressen oder die Kartoffelpresse benutzen. Butter oder Margarine dazugeben und gut untermischen. Etwas Muskat hinzufügen. Nach Geschmack mit Salz nachwürzen.
5 Eigelb dazugeben und alles schaumig rühren. Die Kartoffelmasse in einen Spritzbeutel füllen und auf ein gefettetes Backblech kleine kegelförmige Häufchen spritzen, ähnlich einem dicken Sahnetupfer.

Das restliche Eigelb verquirlen und damit die aufgespritzte Kartoffelmasse bestreichen. Im vorgeheizte Backofen – Elektro-Herd 220° C, Gasherd Stufe 5 – auf mittlerer Schiene ca. 10 Minuten backen. Pommes duchesse – die Herzogin-Kartoffeln – kommen aus Frankreich.

Dazu passen besonders gut: feines Gemüse und Wild.

Abb. S. 49:
Salat Olivier (Rezept S. 54)

48

Würzige Salate – Imbiß und Abendbrot

Kartoffelsalat-Variationen

Je Kartoffelsalat:
1 kg festkochende Kartoffeln

Kartoffeln als Pellkartoffeln garkochen, abgießen, mit kaltem Wasser abschrecken, pellen und sorgfältig in Scheiben schneiden.

Curry-Kartoffel-Salat ▷

(Kartoffelscheiben)
5 El Mayonnaise
1 El Currypulver
1 El Zwiebelsaft
etwas Tabascosauce
½ Tl Salz
¼ Tl Pfeffer
4 El French-Dressing
3 hartgekochte Eier
2 Stangen Bleichsellerie
½ grüne Paprikaschote
2 säuerliche Äpfel

1 große Zwiebel
Saft von einer Zitrone
Salz und Pfeffer

Mayonnaise, Currypulver, Zwiebelsaft, Tabascosauce, Salz und Pfeffer gut vermischen.
Kartoffelscheiben mit French-Dressing übergießen und 30 Minuten ziehen lassen.
Hartgekochte Eier feinwürfeln.

Vorbereiteten gewaschenen Bleichsellerie, Paprikaschote, Äpfel und Zwiebel in Scheiben bzw. Würfel schneiden. Alles vermischen und mit Zitronensaft, Salz und Pfeffer würzen. Nun die Kartoffelscheiben, die Gemüsemischung und die Curry-Sauce mischen.
Vor dem Servieren ca. 2 Stunden durchziehen lassen.

Kartoffel-Muschel-Salat ▷

(Kartoffelscheiben)
1 Glas Seemuscheln
250 g gegarte Möhren
1 Stange Porree
4 El Weinessig
6 El Öl
1 Tl Salz
½ Tl Pfeffer

1 gehackte Zwiebel
1 El frische Kräuter

Kartoffelscheiben mit Seemuscheln, gestiftelten Möhren und dem gewaschenen, in Ringe geschnittenen Porree in eine Schüssel geben. Mit Weinessig,

Öl, Salz, Pfeffer, Zwiebel und gehackten frischen Kräutern verrühren und mit den anderen Salatzutaten vermischen. Abschmecken.
Salat vor dem Servieren gut durchziehen lassen.

Kartoffelsalat mit Rindfleisch

(Kartoffelscheiben)
300 g gekochtes Rindfleisch
1 Stange Porree
12 Oliven
1 Dose Champignons
6 Tomaten
4 El Kräuteressig
1 Tl Salz, ½ Tl Pfeffer
1 El Senf
8 El Öl
kleingehackte Zwiebeln

Schnittlauch
Petersilie

Gekochtes, in Streifen geschnittenes Rindfleisch mit gewaschenem, in Scheiben geschnittenem Porree, Oliven und Champignons, ebenfalls in Scheiben geschnitten, gehäuteten und gewürfelten Tomaten und Kartoffelscheiben vermischen. Aus Kräuteressig, Salz, Pfeffer, Senf und Öl eine Marinade rühren. Zwiebeln, Schnittlauch und Petersilie fein hacken, unter die Marinade geben.
Alles gut untermischen, über den Salat gießen und vorsichtig unterheben.
Salat vor dem Servieren 2 Stunden durchziehen lassen.

Zigeunersalat *(Abb. S. 51)*

(Kartoffelscheiben)
je ½ rote und grüne Papri-
kaschote
1 El feingehackte Petersilie
1 El feingehackte Zwiebel
etwas Salz
3 EL Kräuteressig
3 hartgekochte Eier
⅛ l Öl
2 El Tomaten-Ketchup
2 Tl Paprikamark
125 g gepökelte Zunge
125 g gekochter Schinken

Aus gewaschenen halbierten Paprikaschoten alle Kerne und weiße Teile entfernen. Schoten in Streifen schneiden. Petersilie, Zwiebel, Salz und Kräuteressig mischen. Das Eiweiß der hartgekochten Eier in Streifen schneiden, das Eigelb durch ein Sieb streichen. Mit Öl gut verrühren und mit Paprikamark und Tomaten-Ketchup abschmecken. Die Sauce mit den Kartoffelscheiben, in Streifen geschnittener Pökelzunge und Schinken vermischen. Abschmecken und 2 Stunden ziehen lassen.

Heißer Kartoffelsalat

(3 Portionen)

750 g Kartoffeln
½ Bund Frühlingszwiebeln
1 rote Paprikaschote
100 g geräuchertes Forellen-
filet
0,2 l süße Sahne
2 Tl Delikatess-Brühe (Instant)
2 El Weißweinessig
1–2 El klassische helle Mehl-
schwitze (Instant)
½ Bund Petersilie
Thymian
Salz
Pfeffer
1 El Mais-Keimöl

30 g geriebener Emmentaler
2 El Sonnenblumenkerne

Kartoffeln in Salzwasser kochen. Mit kaltem Wasser abschrecken, pellen und in Scheiben schneiden. Frühlingszwiebeln putzen, waschen und in Ringe schneiden. Paprikaschote putzen, waschen und in Streifen schneiden. Forellenfilet in Stücke schneiden. Süße Sahne, klare Delikatess-Brühe, Essig, Klassische Mehlschwitze verrühren, Gemüse und Forellenfilet dazugeben und vorsichtig mischen.

Kartoffelsalat mit Petersilie, Thymian, Pfeffer und Salz abschmecken.
Eine große flache Auflaufform mit Mais-Keimöl fetten. Kartoffelsalat einfüllen. Käse und Sonnenblumenkerne auf dem Kartoffelsalat verteilen. Die Form in den vorgeheizten Backofen geben und backen. E-Herd: 200° C etwa 30 Minuten, G-Herd: Stufe 3 etwa 30 Minuten.

Dazu paßt:
Blattsalat, Baguette.

53

Picknick-Kartoffelsalat

500 g Salatkartoffel, gekocht
3 Möhren
½ Salatgurke
1 Bund Radieschen
125 g gekochter Schinken
125 g fertige Salatmayonnaise
3 El Joghurt
je 1 Prise Salz und Pfeffer aus
der Mühle

Kartoffeln in Scheiben schneiden. Möhren, Salatgurke und Radieschen grob raspeln. Schinken würfeln. Salatmayonnaise mit Joghurt verrühren. Zutaten mischen, würzen. 30 Minuten durchziehen lassen.

TIP

Kartoffeln lassen sich besser schneiden, wenn ein scharfes Messer hin und wieder in kochendes Wasser getaucht wird.

Salat Olivier (Abb. S. 49)

1 große Zwiebel
1 Karotte
1 Selleriestück
500 g Kartoffeln
2 ganze Hühnerbrüstchen,
  je 100 g
2 El Sahne
2 El Mayonnaise
2 El Joghurt
1 El Dill, kleingehackt
Senf
Salz
Pfeffer
½ Tasse gewürfelte Dillgurken
1 El Kapern kleingehackt
2 hartgekochte Eier
1 kleiner Kopfsalat
2 El ganze Kapern
8 Oliven
2 große Tomaten

Zwiebel schälen, Gemüse putzen, vierteln und mit Hühnerbrüstchen in einen Topf in kochendes Wasser legen, köcheln lassen, bis die Hühnerbrüstchen gar sind (ca. 20 Min.). Brüstchen herausnehmen und beiseite stellen. Kartoffeln, festkochend, in der Schale kochen (möglichst am Vortag), pellen und in Scheiben schneiden, beiseite stellen. Hühnerbrüstchen in Würfel schneiden. Aus Sahne, Mayonnaise, Joghurt, Dill, Senf, Salz und Pfeffer eine Salatsauce herstellen.
Gewürfelte Dillgurken, Kapern, sowie Kartoffeln und Hühnerbrüstchen unterziehen.

Gut mischen. Mindestens eine Stunde im Kühlschrank ziehen lassen. Eier in Scheiben schneiden und vorsichtig unterheben, abschmecken und evtl. nachwürzen. Kopfsalat waschen, abgetropft in Blätter teilen und fächerartig auf einer großen Salatplatte anordnen. Kartoffelsalat darauflegen, zu einer Pyramide formen und mit Kapern, Oliven und Tomaten (zuvor abbrühen und Haut abziehen und in Achtel schneiden) dekorieren.

Kartoffelsalat „Frankfurter Art" ▷

400 g gekochte Salatkartoffeln
1 Bund Radieschen
2 Frankfurter Würstchen
⅛ l Salat-Dressing
2 El feingeschnittener Schnittlauch

Kartoffeln schälen und in dünne Scheibchen schneiden. Radieschen putzen, waschen und zusammen mit den Frankfurter Würstchen in Scheiben schneiden. Alle vorbereiteten

Zutaten mit dem Salat-Dressing locker mischen und mit feingeschnittenem Schnittlauch bestreuen. Salat etwa 30 Minuten durchziehen lassen, evtl. noch etwas nachwürzen.

Konfetti-Salat ▷

400 g gekochte Salatkartoffeln
1 kleine grüne Paprikaschote
125 g gekochter Schinken
2 El eingelegte Perlzwiebeln
125 g Salatmayonnaise
½ Becher Joghurt
je 1 Prise Salz und frisch-
gemahlenen Pfeffer

Kartoffeln schälen und in gleichmäßige, nicht zu große Würfel schneiden. Paprikaschote halbieren, entkernen und zusammen mit dem gekochten Schinken würfeln.

Alle Zutaten zusammen mit der Salatmayonnaise und dem Joghurt locker mischen. Würzen. Salat etwa 30 Minuten durchziehen lassen und evtl. noch etwas nachwürzen.

Schwäbischer Kartoffelsalat

1 kg Kartoffeln, festkochend, gekocht in der Schale (möglichst schon am Vortag), gepellt und in Scheiben geschnitten
1 Salatgurke, in dünne Scheiben geschnitten
1 große Zwiebel, in Würfel geschnitten
1 Tl scharfer Senf
5 El Öl

2 El Weinessig
1 Bund Schnittlauch, klein geschnitten
frisch gemahlener Pfeffer
Salz

Öl, Essig, Senf, Pfeffer und Salz in eine Salatschüssel geben und gut verrühren. Zwiebeln und Schnittlauch sowie Kartoffeln und Gurken zufügen. Alles gut vermischen. Kartoffelsalat mindestens 3 bis 5 Stunden ziehen lassen. Kurz vor dem Servieren noch einmal abschmecken und nach Bedarf nachwürzen.

Dazu gibt es:
Schweinebraten.

Warmer Kartoffelsalat

1 kg Kartoffeln
100 g Speck, durchwachsen, geräuchert
2 gehackte Zwiebeln
2 gehäufte El Mehl
½ l Brühe
Salz
Pfeffer aus der Mühle
Muskat
1 El Essig
2 Lorbeerblätter
feingehackte Liebstöckelblätter
etwas frischer Majoran
Schnittlauch

Kartoffeln als Pellkartoffeln mit Kümmel, Zwiebeln, Lorbeerblatt kochen. Während die Kartoffeln kochen, läßt man Speck, in feine Würfel geschnitten, in einem Topf langsam kroß braten (der Topf sollte flach und dafür im Durchmesser etwas größer sein). Darin brät man Zwiebeln glasig, streut Mehl darüber, rührt gut durch und läßt das Mehl schwitzen, gibt nach und nach Brühe dazu. Man schmeckt ab mit Salz, Pfeffer und Muskat, mit Essig, Liebstöckelblättern und etwas frischem Majoran. Die Kartoffeln werden noch heiß gepellt und in Scheiben in die Sauce geschnitten. Vorsichtig unterheben und alles etwa 15 Minuten auf ganz schwacher Hitze durchziehen lassen. Mit Schnittlauch bestreut servieren.

Hering im Speckmantel mit warmem Kartoffelsalat

▷

250 g gekochte Pellkartoffeln
1 Glas Gewürzgurken (330 g)
2 Tomaten (250 g)
Salz
Pfeffer
3 El Essig
je 1 Bund Petersilie, Schnittlauch, Dill
4 küchenfertige grüne Heringe
(800 g)
12 Scheiben Bacon

2 El Öl
⅛ l klare Brühe (Instant)

Gepellte Kartoffeln und Gur-
ken in Scheiben schneiden.
Tomaten waschen und in kleine
Würfel schneiden. Alles in eine
Schüssel geben, mit Salz, Pfef-
fer und Essig würzen. Kräuter
waschen und grob hacken. Die
Heringe kalt abspülen, trocken-

tupfen und salzen. Gehackte
Kräuter in die Bauchöffnung
der Fische füllen, mit je 3
Speckscheiben umwickeln und
in heißem Öl auf jeder Seite
6 Minuten braten. Brühe erhitzen und über die Kartoffeln
gießen. Etwas ziehen lassen
und noch warm zu den Herin-
gen servieren.

Salade Mariette

500 g festkochende Kartoffeln,
gekocht in der Schale
1 dicke Scheibe Sellerie
250 g Rinderzunge, gepökelt
4 Cornichons, klein gehackt
2 hartgekochte Eier, in Viertel
geschnitten
3 kleine Tomaten, in Viertel
geschnitten
½ Tl scharfer Senf
3 El Öl
1 Tl Weinessig
1 El Schnittlauch, klein gehackt
1 Tl Petersilie oder Kerbel
1 kleiner grüner Kopfsalat,
gewaschen und in kleine
Stückchen gerupft (möglichst
nur die hellen inneren Blätter
nehmen)

1 Lorbeerblatt
Salz
frisch gemahlener Pfeffer

In einem Topf Salzwasser zum
Kochen bringen. Zunge, Lorbeerblatt und Selleriescheibe so
lange darin kochen, bis die
Zunge ganz weich ist, ungefähr
1½ Stunden.
Zunge herausnehmen, Haut
abziehen und Fleisch in Würfel
schneiden. Brühe beiseite und
Sellerie kalt stellen.
Gepellte Kartoffeln in Scheiben
schneiden.
Vinaigrette aus Senf, Öl, Essig,
Schnittlauch, Petersilie, Salz
und Pfeffer herstellen.

Cornichons, Tomaten und klein
geschnittene Selleriescheibe
dazugeben und gut vermischen.
Salat in den Kühlschrank stellen und mindestens 2 Stunden
ziehen lassen.
Kurz vor dem Anrichten die
Salatstückchen unterziehen.
Salat mit Eiern dekorieren.

Dazu gibt es: Brot.

Bei manchen Metzgern kann
man die Zunge bereits gekocht
kaufen.

Kartoffeln nach dem Kochen im offenen Topf ausdämpfen lassen, leicht durchrütteln.

Kartoffelsalat mit Thunfisch

750 g festkochende Kartoffeln
1 rote Paprikaschote
1 Bund Frühlingszwiebeln
1 Pckg. TK Erbsen
4 Eier
4 El Weinessig
6 El Pflanzenöl
Salz
reichlich frisch gemahlener
Pfeffer
2 ausgepreßte Knoblauchzehen
1 Dose Thunfisch

Kartoffeln kochen, noch warm pellen und in Scheiben schneiden. Paprikaschote, gewaschen und geputzt, in kleine Stückchen schneiden. Frühlingszwiebeln kleinschneiden und zusammen mit Tiefkühlerbsen, die in kochendem Wasser kurz angetaut worden sind, unter die Kartoffelscheiben mischen. Eier hart kochen, achteln und vorsichtig unterziehen. Alles mit einer Sauce aus Weinessig, Pflanzenöl, Salz, Pfeffer und ausgepreßten Knoblauchzehen übergießen. Zum Schluß Thunfisch im eigenen Saft mit einer Gabel zerpflücken und unter den Salat mischen.

Residenz-Salat

500 g Kartoffeln, festkochend
(Salatware) gekocht in der
Schale, möglichst schon am
Vortag
300 g Riesenkrabben
1 Bund Radieschen, bis auf 4 in
kleine Würfel geschnitten
6 schwarze Oliven, in kleine
Würfel geschnitten
1 Zwiebel, in kleine Würfel
geschnitten
4 hartgekochte Eier, gepellt
1 Zitrone, ausgepreßt
½ Bund Dill, klein gehackt
½ Bund Schnittlauch, klein
gehackt
¼ Tl Senf

3 El Öl
Salz
frisch gemahlener Pfeffer
Prise Cayennpfeffer

Kartoffeln pellen und in Würfel schneiden.
Krabben in kochendes Salzwasser werfen. 5 Minuten ziehen lassen. Abtropfen und kühl stellen.
Mit Zitronensaft, Salz, Pfeffer und Cayennepfeffer würzen, beiseite stellen.
Öl, Zitronensaft, Oliven, Radieschen, Zwiebeln, 2 klein gewürfelte Eier, Senf, Salz,
Pfeffer, Dill und Schnittlauch in eine Salatschüssel geben, gut verrühren und mischen.
Kartoffeln dazugeben und mindestens eine Stunde ziehen lassen.
Eine Stunde vor dem Anrichten die Krabben hinzufügen.
Mit Eiervierteln und Radieschenhälften garnieren.
Eventuell noch mit Gewürzen abschmecken.

Dazu gibt es:
frisches, warmes Stangenbrot.

Bunter Kartoffelsalat

1 kg Kartoffeln
1 große Gewürzgurke
1 Zwiebel
1 Pckg. TK Erbsen
1 Pckg. TK Möhren

Für die Salatsauce:
100 g durchwachsener, geräu-
cherter Speck
⅛ l Fleischbrühe oder Wasser
2 bis 3 El würziger Essig
3 bis 4 El Pflanzenöl
Salz, frisch gemahlener Pfeffer
Ei, Tomaten- und Radieschen-
scheiben nach Belieben
feingeschnittener Schnittlauch

Festkochende Kartoffeln wa-schen, in der Schale kochen, pellen. Wenn sie kalt geworden sind, in feine Scheiben schnei-den. Gewürzgurke und Zwiebel fein würfeln, zusammen mit den Kartoffelscheiben, Erbsen und Möhren aus der Dose (oder tiefgekühlt, kurz gedün-stet und erkaltet) in eine Schüs-sel geben.
Für die Salatsauce Speck wür-feln, glasig dünsten, Fleisch-brühe sowie Essig und Öl dazu-geben, einmal aufkochen las-sen. Mit Salz und Pfeffer wür-zen. Diese pikante Sauce noch warm über die Zutaten geben, einmal durchmischen, ca. 30 Minuten ziehen lassen. Dann nochmals abschmecken. Ist der Kartoffelsalat etwas fest, kann man noch heißes Wasser dazugeben. Mit Ei, Tomaten, Radieschenscheiben und Schnittlauch garnieren.

New Yorker-Salat

750 g Kartoffeln, festkochend,
in der Schale gekocht, heiß
gepellt und in Scheiben
geschnitten
1 große Zwiebel, fein gehackt
4 Sellerie-Stangen, klein
geschnitten
80 g Edelpilzkäse,
leicht krümelig
2 El weißer Weinessig
10 El saure Sahne
1 Bund Radieschen (ein Teil
in kleine Würfel geschnitten,
den anderen in Hälften zum
Dekorieren)
1 El Petersilie, klein gehackt
Salz
frisch gemahlener Pfeffer

Sauce aus Weinessig, Sahne, Zwiebeln, Salz, Pfeffer herstel-len. Edelpilzkäse zerkrümeln und zu der Sauce geben. Sauce mit dem Mixer glatt rühren. Selleriestangen, ½ EL Petersilie, Radieschen und Kartoffeln unterziehen. Gut mischen und Salat mindestens zwei Stunden in den Kühl-schrank stellen. Vor dem Ser-vieren mit Radieschenhälften und dem Rest der Petersilie dekorieren.

Dazu gibt es:
Schwarz- oder Weißbrot und kaltes Fleisch.

Salat B. B.

400 g Kartoffeln, festkochend, gekocht in der Schale (möglichst schon am Vortag), gepellt und in kleine Würfel geschnitten
250 g frische Champignons, in Scheiben geschnitten
1 Stange Bleichsellerie (so man hat), in Scheibchen geschnitten
5 große Radieschen, in Würfel geschnitten
1 Fenchel, in Würfel geschnitten
5 blaue Oliven, in kleine Würfel geschnitten
5 Walnüsse, grob zerhackt
3 El Olivenöl
1 Tl Zitronensaft
etwas geriebene Zitronenschale
½ Tl Senf
1 El Schnittlauch
Salz
frisch gemahlener Pfeffer

Vinaigrette aus Olivenöl, Senf, Zitronensaft, Zitronenschale, Salz, Pfeffer und Schnittlauch herstellen.
Kartoffeln, Radieschen, Selleriestange, Fenchel, Oliven und Walnüsse unter die Vinaigrette mischen.
Mindestens eine Stunde ziehen lassen.
Kurz vor dem Servieren erst die Champignons dazugeben. Abschmecken und eventuell noch nachwürzen.

Dazu gibt es:
Frisches Weißbrot.

Abb. S. 67:
Kartoffelsuppe Rasputin
(Rezept S. 68)

Heißgeliebte Suppen

Kartoffelsuppe Rasputin (Abb. S. 67)

400 g gekochtes Rindfleisch
1 mittelgroße Salatgurke
2 Zwiebeln
50 g durchwachsener
Räucherspeck
1 Stich Butter
2 Möhren
½ Stange Porree
Fleischbrühe (Würfel)
1 Pckg. Kartoffelsuppe
1 Becher saure Sahne
2 El feingehackte Kräuter

Rindfleisch oder Bratenreste fein würfeln oder in Streifen schneiden. Gurke schälen, längs halbieren, aushöhlen und in dünne Scheiben schneiden. Zwiebeln und Räucherspeck würfeln. Speck bei milder Hitze auslassen, Grieben herausnehmen und beiseite stellen, Butter zugeben, die gewürfelten Zwiebeln einlegen und glasig dünsten. Möhren und Porree putzen, waschen und in Scheiben schneiden. Mit den Gurkenscheiben, mit Fleischbrühe oder Wasser aufgießen und weich dünsten. Die Flüssigkeit dann auf die entsprechende Menge für eine Pckg. Kartoffelsuppe auffüllen und das Suppenpulver einrühren. Fleisch und Gemüse zugeben, nochmals kurz aufkochen. Vor dem Servieren die Suppe mit Speckgrieben bestreuen. Saure Sahne unterheben und mit gehackten Kräutern wie Dill, Petersilie, Schnittlauch und Kresse garnieren.

Pikante Kartoffelsuppe ▷

1 kg Kartoffeln
1 ½ l Fleischbrühe
(auch Würfel)
100 g durchwachsener
Räucherspeck
1 große Zwiebel
½ Becher saure Sahne
Salz
Majoran
Muskat
4 Rindswürstchen
300 g gekochtes Rindfleisch
1 Bund Schnittlauch

Kartoffeln, mehligkochend (wer die Kartoffeln gern stückig in der Suppe mag, wählt eine vorwiegend festkochende Sorte), schälen, in kleine Würfel schneiden und zusammen mit Fleischbrühe ca. 20 Minuten kochen lassen. Die Kartoffeln sollten nicht zu weich sein. Die Hälfte der Kartoffelwürfel mit einem Schaumlöffel herausnehmen. Die restlichen mit der Brühe durch ein Sieb streichen oder mit einem Passierstab zerkleinern. Speck würfeln, auslassen und fein gewürfelte Zwiebeln darin glasig dünsten. Zusammen mit Sahne zu der Kartoffelsuppe geben, gut durchrühren. Mit Salz, Majoran und Muskat würzen. Die restlichen Kartoffelwürfel und Würstchen oder Rindfleisch – in feine Streifen geschnitten – in die Kartoffelsuppe geben, noch 10 Minuten ziehen lassen. Schnittlauch fein schneiden und kurz vor dem Servieren darüberstreuen.

Kartoffelsuppe à la Bocuse

500 g Kartoffeln, vorwiegend
festkochend, roh, geschält und
in Würfel geschnitten
250 g Brunnenkresse
¾ l Brühe oder ¾ l Wasser
und 3 Tl Instant Klare Brühe
3 El Butter
1 El Sahne, leicht geschlagen
Salz
frisch gemahlener Pfeffer

Brunnenkresse mit Stiel in der
Butter 10 Minuten dünsten.
Kartoffelwürfel dazugeben, mit
Brühe aufgießen und 20 Minu-
ten kochen lassen.
Vom Feuer nehmen und in der
Küchenmaschine pürieren.
Noch einmal aufkochen lassen.
Kurz vor dem Servieren die
Sahne dazugeben.

Dazu gibt es:
Heißes, mit Knoblauchbutter
bestrichenes, frisches Stangenbrot.

69

Westfälische Kartoffelsuppe

1 Schinkenknochen
1 Stück Sellerie
1 Stück Porree
1 Zwiebel
1 Lorbeerblatt
Liebstöckel
1 Nelke
1 Wacholderbeere
1 Möhre
1 Stange Porree
¼ Sellerieknolle
500 g Kartoffeln (vorwiegend festkochend)

Schinkenknochen noch mit Schinkenresten (beim Metzger vorbestellen) in kaltem Wasser mit Sellerie, Porree, Zwiebel, Lorbeerblatt, Liebstöckel, Nelke und Wacholderbeere zum Kochen bringen und mindestens eine Stunde kochen (kein Salz an das Wasser geben, weil der Knochen u.U. salzig sein kann). Anschließend die Brühe durchsieben und erneut aufkochen lassen. Auf 1½ l Brühe gibt man – geputzt und in Würfel geschnitten – Möhre, Porree, Sellerie und Kartoffeln und kocht die Suppe etwa 20 Minuten. Damit die Suppe etwas sämig wird, zerkleinert man einen Teil der Kartoffeln mit dem Passierstab. Zum Schluß gibt man die vom Knochen abgelösten klein geschnittenen Schinkenreste in die Suppe.
In Westfalen ißt man die Suppe gerne mit gerösteten Brotwürfeln.

Liverpooler Suppe

500 g vorwiegend festkochende Kartoffeln, roh, geschält und in Würfel geschnitten
1 große Zwiebel, gewürfelt
300 g Lauch,
in Ringe geschnitten
¾ l Hühnerbrühe oder
¾ l Wasser und
3 Tl Instant Klare Hühnerbrühe
100 g fetten Speck,
in Würfel geschnitten
1 EL Butter
1 EL Petersilie,
klein gehackt
Schuß Worcestershire-Sauce
Salz
frisch gemahlener Pfeffer
Knoblauchsalz

Hühnerbrühe zum Kochen bringen, Kartoffeln hinzufügen und ca. 15 Min. kochen lassen. Butter in einer Pfanne erhitzen, Speck und Zwiebeln dazugeben. Unter ständigem Rühren goldgelb braten.
Lauch untermischen und mitbraten.
Speck-, Zwiebel-, Lauchmischung zu den Kartoffeln geben und mehrere Minuten kochen lassen.
Mit Petersilie, Pfeffer, Salz, Knoblauchsalz und Worcestershiresauce abschmecken und heiß servieren.

Dazu passen:
Siedewürstchen.

Die Worcestershire-, auch Worcester-Sauce geschrieben, kommt aus England. Sie wird dort seit ca. 250 Jahren hergestellt. Jede Firma hat ihr eigenes, streng gehütetes Worcester-Saucen-Rezept.

Hamburger Kartoffelsuppe

2 Zwiebeln
30 g Schweineschmalz
1 l Brühe
400 g Kartoffeln
½ Sellerieknolle
1 Stange Porree
3 Möhren
2 Tomaten

Petersilienwurzel
100 g durchwachsener
Räucherspeck
Petersilie

Zwiebeln fein hacken, in
Schweineschmalz glasig dünsten, mit Brühe auffüllen. Kar-

toffeln (vorwiegend festkochend), Sellerie, Lauch, Möhren, Tomaten und Petersilienwurzel putzen, kleinschneiden
und ca. 30–45 Minuten garziehen lassen. Speck kleinschneiden, kroß braten und mit Petersilie über die Suppe streuen.

Kartoffelsuppen Instant in 5 Variationen ▷

Westfälische Kartoffelsuppe mit Blutwurst

1 Pckg. Kartoffelsuppe
200 g gebratene Blutwurstscheiben
2 Zwiebeln

Schnittlauch

Suppe nach Vorschrift kochen.
Mit gebratenen Blutwurstschei-

ben und Zwiebeln – in hauchdünne Scheiben geschnitten –
und Schnittlauch servieren.

Grüne Kartoffelsuppe

1 Pckg. Kartoffelsuppe
4 El gehackte Kräuter
500 g Brühwurst

Suppe nach Vorschrift kochen
und mit Kräutern mischen.
Man kann auch Sauerampfer
oder fein gehackten Spinat neh-

men. Als Fleischeinlage kann
man Brühwurst in Scheiben
schneiden.

Rote Kartoffelsuppe

1 Pckg. Kartoffelsuppe
2 El Tomatenmark
oder 4 Tomaten
2 El feingehackte
Paprikaschoten
500 g Fisch
1 Prise Zucker

weißer Pfeffer aus der Mühle
Dill

Suppe nach Vorschrift kochen.
Tomatenmark oder Tomaten,
enthäutet und in feine Würfel
geschnitten, und Paprikascho-

ten darunter mischen. Als Ein-
lage ist Fisch – vorgegart oder
in der Suppe gegart – geeignet.
Eine Prise Zucker, Pfeffer und
Dill bilden die richtige Abrun-
dung für diese schnelle köstliche Suppe.

Allgäuer Kartoffelsuppe

1 Pckg. Kartoffelsuppe
2 Ecken Sahneschmelzkäse
2 El feingeschnittener Schnittlauch

Majoran
Pfeffer aus der Mühle

Suppe nach Vorschrift kochen.

Käse schmelzen lassen und mit
Schnittlauch, Majoran und
Pfeffer abgeschmeckt servie-
ren.

Hessische Kartoffelsuppe

1 Pckg. Kartoffelsuppe
400 g feingeschnittenes
Kasseler
1 Glas Apfelwein
Zitronenmelisse
1 Prise Zucker

weißer Pfeffer aus der Mühle
Weißbrotwürfel

Suppe nach Vorschrift kochen
und mit Kasseler und Apfelwein verfeinern. Mit wenig

Zitronenmelisse, Zucker und
Pfeffer aus der Mühle
abschmecken, mit gerösteten
Weißbrotwürfeln servieren.

Fischsuppe mit Steinpilzen und Kartoffeln

400 g Fischfilet (Kabeljau, Lengfisch, Goldbarsch)
2 Beutel getrocknete Steinpilze (á 10 g)
¼ l Wasser
500 g halbmehlige Kartoffeln
1 l Fleischbrühe oder Fischbrühe
1 Zweig Thymian
1 Zweig Schnittsellerie
1 Lorbeerblatt

Die Steinpilze in ⅛ l kaltes Wasser legen und nach 5 Minuten das Wasser abgießen. Erneut ⅛ l Wasser zugießen und 10 Minuten stehen lassen. Die Kartoffeln schälen und in kleine Würfel schneiden. Pilze und Kartoffeln in die erhitzte Brühe geben, ebenso Thymian, Sellerie und Lorbeerblatt. Mit Salz etwas würzen und alles zusammen kochen, bis die Kartoffeln fast weich sind. Das Fischfilet unter fließendem kalten Wasser säubern und mit Küchenpapier trockentupfen. Dann in kleine Stücke schneiden und zur Suppe geben. 4–5 Minuten darin ziehen lassen, danach die Suppe mit gehackter glatter Petersilie bestreuen.

Rahmsuppe von Sauerkraut mit geräuchertem Aal

2 Schalotten
50 g Frühstücksspeck
2 Stangen Porree (nur das Weiße)
2 Kartoffeln
300 g Sauerkraut
¾ l Fleischbrühe
½ l Sahne
Salz
Pfeffer
Muskat
100 g Räucheraalfilet
Petersilie

Schalotten und Frühstücksspeck in einem Topf andünsten, Porree und Kartoffeln fein würfeln, dazugeben und leicht Farbe nehmen lassen. Das Sauerkraut, die Fleischbrühe und die Sahne zugeben und ca. 30 bis 40 Minuten zugedeckt köcheln lassen. Die Suppe im Mixer oder mit dem Pürierstab pürieren und durch ein Sieb passieren. Mit Salz, Pfeffer, Muskat würzen, aufkochen lassen. Den Aal in kleine Würfel schneiden, in Suppentassen verteilen. Die heiße Suppe darübergeben und mit fein gehackter Petersilie bestreuen.

Kartoffelsuppe „Fischer Vroni"

500 g Porree
3–4 El Öl
Pfeffer
Salz
Cayennepfeffer
Knoblauchsalz
250 g Schillerlocken
1 l Wasser
1 Pckg. Kartoffelsuppe
100 g Tomaten (ca. 2 Stück)

Porree putzen, in ca. 2 cm lange Stücke schneiden, waschen und gut abtropfen lassen. Lauch in heißem Öl im geschlossenen Topf etwa 15 Minuten dünsten. Mit Pfeffer, Salz, etwas Cayennepfeffer und Knoblauchsalz würzen. Schillerlocken in Streifen schneiden und unter das Gemüse mischen.

Mit dem Wasser aufgießen und aufkochen. Topf von der Kochstelle nehmen und den Inhalt der Packung Kartoffelsuppe einrühren. Tomaten brühen, die Haut abziehen und in kleine Würfel schneiden. Tomatenwürfel in die Suppe geben, kurz erwärmen und die Suppe servieren.

Dali's Lieblingssuppe

400 g Kartoffeln (mehligkochend) geschält, roh,
in Scheiben geschnitten
250 g Zwiebeln,
in Scheiben geschnitten
½ l Milch
½ l Sahne
400 g Seelachsfilet,
frisch oder tiefgefroren
2 El Instant Klare Hühnerbrühe
1 Tl Butter
1 El Petersilie
1 Zitrone
1 Döschen Safran
5 Wacholderbeeren
Fischgewürz
Pfeffer
Salz

Seelachs mit Zitronensaft beträufeln. Milch, Hühnerbrühe, Kartoffeln und Zwiebeln in einen Topf geben und zum Kochen bringen. Die Instant Hühnerbrühe löst sich beim Kochen auf. Die Zutaten so lange köcheln lassen, bis die Kartoffeln und Zwiebeln gar sind. Beiseite stellen.
Fisch auf Alufolie setzen (möglichst nicht aufeinander), mit Salz, Pfeffer, Wacholderbeeren, Fischgewürz, Zitronenscheiben und Butter belegen. Mit Alufolie gut einpacken. Es sollte keine Flüssigkeit nach außen dringen. Fischpaket in eine Pfanne mit wenig Wasser

geben und geschlossen ca. 15 Minuten dünsten lassen. Die Kartoffel-Zwiebelmasse in einer Küchenmaschine pürieren oder durch ein feines Sieb streichen. Püree langsam und unter ständigem Rühren erhitzen. Sahne und Safran zufügen und noch weitere 5 Minuten köcheln lassen. Fisch aus der Alufolie nehmen, in kleine Stücke schneiden und vorsichtig mit dem Fischsud (ohne Gewürze) der Suppe beigeben. Petersilie untermischen und mit Zitronensaft abschmecken.

Dazu gibt es:
frisches Weißbrot mit Butter.

Fisch-Kartoffelsuppe

▷

1 mittelgroße Zwiebel
2 kleine Möhren
1 Stück Sellerieknolle
½ Stange Porree (120 g)
2 El Öl
1 ¼ l gewürzte Fleischbrühe
3 mittelgroße, festkochende
Kartoffeln (300 g)
500 g Schellfisch-Filet
100 g geräucherter
Schinkenspeck
1 gestr. Tl Salz
¼ Tl weißer Pfeffer
1 Tl gehackte, frische
Estragonblättchen

Die Zwiebel schälen und fein hacken. Die Gemüse unter kaltem Wasser abbrausen, Möhren und Sellerie schälen, fein würfeln, den Porree in dünne Ringe schneiden.

Das Öl in einem Suppentopf erhitzen, die Gemüse tropfnaß dazugeben und 5 Minuten im Öl unter Rühren schmoren. Die heiße Fleischbrühe zugießen.

Die geschälten Kartoffeln in feine Würfel schneiden, zur Suppe geben und weitere

15 Minuten kochen. Den Schellfisch kalt abbrausen, mit Küchenkrepp trockentupfen und in Würfel schneiden (Kantenlänge etwa 1,5 cm). Den Speck würfeln, in einer Pfanne kroß ausbraten.

Mit den Gewürzen zur Suppe geben und nochmals 5 Minuten bei schwacher Hitze ziehen lassen.

Gurkenkaltschale

(Für 6 Personen)

350 g festkochende Kartoffeln, roh, geschält und in Scheiben geschnitten
1 Salatgurke,
in kleine Würfel geschnitten
1 Zwiebel,
in kleine Würfel geschnitten
25 g Butter
½ l Hühnerbrühe oder
½ l Wasser und 2 Tl Instant
klare Hühnerbrühe
4 El Sahne

1 El Petersilie,
klein gehackt
⅛ l Milch
2 Lagen frische Kresse,
klein geschnitten
Salz
frisch gemahlener Pfeffer

Zwiebeln in Butter goldgelb dünsten. Kartoffeln und Gurkenstücke dazugeben.
Mit Pfeffer und Salz würzen und mit Hühnerbrühe aufgießen.

Suppe zum Kochen bringen und dann köcheln lassen, bis das Gemüse gar ist.
Die Suppe durch ein Sieb passieren und zurück in den Topf geben. Milch hinzufügen und unter ständigem Rühren Suppe zum Kochen bringen. Sahne dazugeben und kalt werden lassen.
Kurz vor dem Servieren die Kresse unterziehen und mit Petersilie bestreuen.

Kartoffelsuppe Nouvelle Cuisine

300 g Kartoffeln, vorwiegend
festkochend, roh, geschält und
in Würfel geschnitten
1 Zwiebel,
in kleine Würfel geschnitten
1 El Butter
¾ l Rinderbrühe
⅛ l Sahne
100 g möglichst frischer,
junger Blattspinat
Salz
frisch gemahlener Pfeffer
Muskatnuß

Zwiebeln in Butter glasig dünsten. Kartoffeln dazugeben und mit Fleischbrühe aufgießen. 15 Minuten kochen lassen. In der Zwischenzeit Spinat waschen und die Stiele abschneiden. Rohen Spinat in Streifen schneiden, in 4 Tassen füllen und mit einem Hauch Muskatnuß bestreuen. Kartoffeln und Zwiebeln abgießen und im Mixer pürieren, Brühe abfangen.

Brühe wieder hinzufügen, ebenso die Sahne. Suppe erhitzen (sie darf nicht kochen) und mit Salz und Pfeffer abschmekken. Suppe auf den Spinat in die Tassen füllen.

TIP

Die Nouvelle Cuisine kam Ende der sechziger Jahre auf. Einer der Begründer war Paul Bocuse aus Lyon.

Abb. S. 81:
Griechischer Kartoffelsuppen-
topf (Rezept S. 88)

Eintöpfe – pikant und delikat

Kartoffel-Eintopf *(Grundrezept)*

20 g Fett (Butter, Schmalz oder Speck – frisch, geräuchert oder durchwachsen, ganz nach Geschmack)
2 Zwiebeln
200–500 g Fleisch oder Wurst (Rind- oder Hammel-, Schweine-, Kalbs-, Puten- oder Hühnerfleisch, Mett- oder Fleischwurst)
½ l Wasser oder Brühe
750 g Kartoffeln (mehligkochende Sorte, wenn ein sämiger Eintopf gewünscht wird, festkochende, wenn ein „stückiger" Eintopf bevorzugt wird)
Salz
Pfeffer

Fett in einem Topf zerlassen. Zwiebeln in Würfel schneiden und im Fett glasig braten. Fleisch oder Wurst in Würfel schneiden und im Zwiebelfett anbraten. Mit Wasser oder Brühe löschen. Fleisch so lange kochen, daß es nach Zugabe von Kartoffeln und Gemüse gar wird (Rind- und Hammelfleisch sollten 45 Minuten vorkochen, Schweinefleisch ca. 30 Minuten, je nach Sorte). Gemüse in beliebiger Kombination und Kartoffeln, roh und in Würfel geschnitten, zugeben. Mit Salz und Pfeffer abschmecken. Garkochen.

Variationen zum Kartoffel-Eintopf

… mit Kräutern:
Mit den Fleischwürfeln kann man z.B. feingehackten Ysop oder Liebstöckel, Rosmarin, Thymian, Estragon, Sellerie, Pimpinelle, Borretsch, Majoran, Oregano, Kümmel (im Mörser zerstoßen) oder auch Knoblauch hinzufügen.
Bei Bohneneintöpfen (mit Kartoffeln) das Bohnenkraut erst zum Schluß unterrühren und nicht mitkochen lassen.

… mit verschiedenen Gemüsen oder Fleisch:
Möhren mit Schweine- oder Hammelfleisch;
Sellerie, Porree, Möhren und Rindfleisch;
Brech- oder Stangenbohnen mit Hammelfleisch;
Grünkohl mit Mettwurst oder Kasseler;
Weißkohl oder Wirsing mit Schweine-, Rind- oder Hammelfleisch;
Sauerkraut mit gepökeltem Schweinefleisch;
Stielmus mit Mettwurst oder durchwachsenem Speck;
Kohlrabi und Schweinefleisch;
Weiße Bohnen, Möhren, Schnippelbohnen und geräucherter Bauchspeck;
Rote Bete, Gewürzgurken, Äpfel und Schweinefleisch;
Zwiebel, Äpfel und Hackfleisch;
Brechbohnen, Birnen und durchwachsener geräucherter Speck;
Schnippelbohnen, Zwetschgen mit Rindfleisch sowie Schweinefleisch;
Rosenkohl und Mettwurst.

Kartoffelfeuer

750 g Kartoffeln
250 g grüne Paprikaschoten
2 Möhren
¼ Sellerieknolle
500 g Zwiebeln
50 g fetter Räucherspeck
1½ l klare Fleischsuppe
2 Schachteln TK bzw. frisches
Suppengrün
Salz
Pfeffer
Thymian

4 Kochwürste
½ Becher saure Sahne

Kartoffeln (vorwiegend festkochend) schälen, waschen und würfeln. Paprikaschoten putzen, waschen und in Streifen schneiden. Möhren schälen und in Scheiben schneiden. Zwiebeln schälen und würfeln. Räucherspeck würfeln und im Suppentopf auslassen. Zwiebelwür-

fel hineingeben und hellgelb braten. Mit heißer Fleischbrühe ablöschen. Vorbereitetes Gemüse, Kartoffeln, Suppengrün, Salz, Pfeffer und Thymian zugeben. Alles 30 Minuten kochen. 10 Minuten vor Ende der Garzeit Kochwürste, in Scheiben geschnitten, zugeben. Abschmecken und zuletzt Sahne unterziehen.

Kartoffel-Rindfleisch-Topf

500 g Kartoffeln
500 g Zwiebeln
250 g Möhren
150 g Sellerie
500 g Rindfleisch
Salz
Pfeffer
2 Lorbeerblätter
¼ l Wasser
1 Becher saure Sahne

Kartoffeln (festkochend), Zwiebeln, Möhren, Sellerie schälen und alles in Scheiben schneiden. Rindfleisch in feine Scheiben oder Streifen schneiden und mit Kartoffeln und Gemüse in einen Topf oder in eine feuerfeste Schale schichten. Mit Salz, Pfeffer und Lorbeerblättern würzen.

Wasser – evtl. mit saurer Sahne verrühren – und darübergießen. Den Topf oder die Form gut verschließen und auf der Kochstelle oder im Backofen etwa 1 Stunde leicht kochen lassen.

Walisischer Kartoffeleintopf mit Pfiff

750 g festkochende Kartoffeln, roh, geschält und in Würfel geschnitten
2 Stangen Porree, in Ringe geschnitten
2 große Karotten, in Scheiben geschnitten
¾ l Wasser
3 Tl Instant Klare Brühe
1 Kalbsknochen, oder
¾ l Rinderbrühe
100 g fetten Speck, in kleine Würfel geschnitten
250 g Rindsleber,

in kleine Würfel geschnitten
1 El Petersilie, gehackt
1 Tl möglichst frischer Majoran, klein gehackt
1 Tl Butter
Pfeffer
Salz

Wasser mit Knochen aufsetzen, zum Kochen bringen, Klare Brühe hinzufügen. Kartoffeln, Karotten, Sellerie und Porree beigeben, ca. 20 Minuten köcheln lassen,

evtl. nachwürzen. Butter in der Pfanne heiß werden lassen und Speck darin ausbraten. Leber hinzufügen und sehr schnell braun braten. Mit Petersilie, Majoran, Pfeffer und Salz abschmecken. Sofort herausnehmen und in den angerichteten Eintopf füllen.
Mit etwas Petersilie bestreuen und heiß servieren.

Dazu gibt es:
frisches Baguette.

Lüneburger Kartoffelgulasch

▷

375 g Gulaschfleisch,
halb und halb
375 g Zwiebeln
2 El Butter
1 El Zucker
2 El Edelsüßpaprika
½ l Wasser
1 kg Kartoffeln, festkochend
2 El Majoran
Salz
flüssige Würze
2 süßsaure Gurken

Gulaschfleisch in 1 bis 2 cm große Stücke schneiden. Zwiebeln schälen und grob würfeln. Fleisch in erhitzter Butter braun anbraten, Zwiebeln dazugeben und glasig dünsten. Dabei mit Zucker bestreuen. Edelsüßpaprika hinzufügen und gut unterrühren. Mit etwa ½ l kochendem Wasser ablöschen und das Gulasch 1½ Stunden zugedeckt leise schmoren. Inzwischen Kartoffeln kochen, pellen und in 2 bis 3 cm große Würfel schneiden, zum Gulasch geben und gleichzeitig Majoran hinzufügen. Mit Salz und flüssiger Würze abschmecken. Süßsaure Gurken feingewürfelt dazugeben. Noch einige Minuten durchziehen lassen.

Bauern-Schmortopf

500 g Kartoffeln
500 g Zwiebeln
Butter
250 g Schweinefleisch
Pfeffer
Salz
250 g Rindfleisch
100 g dicke saure Sahne

Kartoffeln (vorwiegend festkochend) und Zwiebeln schälen und in dünne Scheiben schneiden. Eine Auflaufform mit Deckel (oder eine Puddingform) gut mit Butter ausfetten. Zuerst kommt Schweinefleisch (gewürfelt wie für Gulasch) hinein. Gut mit Pfeffer und Salz würzen. Darauf die Hälfte der Zwiebeln und der Kartoffeln. Wieder pfeffern und salzen. Auf diese Schicht Rindfleisch (gewürfelt) füllen, mit Salz und Pfeffer gewürzt. Als Abschluß die restlichen Kartoffeln und Zwiebeln. Pfeffern und salzen. Dicke saure Sahne darübergießen und die Form schließen. Form in einen großen Topf mit Wasser stellen. Das Wasser sollte etwa drei Viertel der Höhe der Form erreichen. Topf zudecken und alles bei mittlerer Hitze gut 4 Stunden leise sieden lassen. Achtung: Das Wasser darf nicht sprudeln, sonst dringt es in die Form und verwässert den leckeren Bauern-Schmortopf. Gießen Sie heißes Wasser nach, wenn zu viel verdampft ist.

Fisch-Kartoffeltopf

4 mittelgroße Möhren
6 Kartoffeln (500 g)
400 g Fischfilet
(z. B. Kabeljau)
¼ l Brühe

Für die Sauce:
40 g Margarine
30 g Mehl
⅛ l Brühe (Würfel)
⅛ l Sahne
Salz
frisch gemahlener weißer
Pfeffer
1 Eigelb
1 Bund gehackte Petersilie
etwas Zitronensaft

Möhren und Kartoffeln schälen und beide Gemüse in Scheiben schneiden. In wenig Salzwasser weich kochen. Fischfilet unter fließendem kalten Wasser waschen und in 2 bis 3 cm große Würfel schneiden. Fischwürfel in der Brühe 2 bis 3 Minuten gerade am Siedepunkt garen lassen.
Für die Sauce Margarine schmelzen, Mehl einrühren und eine helle Einbrenne bereiten. Brühe und Sahne zugießen und 2 bis 3 Minuten kochen lassen. Kochbrühe von Kartoffeln und Fisch mit zur Sauce geben und mit einem Schneebesen kräftig durchschlagen. Sauce mit Salz und Pfeffer sowie ½ Tl Zitronensaft kräftig abschmecken. Sauce von der Kochstelle nehmen und einen Eßlöffel davon mit dem Eigelb verrühren und wieder in die Sauce geben.
Fischwürfel zum Gemüse geben, Sauce darübergießen, nochmals heiß werden lassen, das Gericht abschmecken und Petersilie darüberstreuen.

Griechischer Kartoffelsuppentopf (Abb. S. 81)

1 Pckg. Kartoffelsuppe
¾ l Wasser
250 g Tomaten
250 g Salatgurke (ca. ½)
1 Zehe Knoblauch
Kümmel
Zwiebelsalz
1 Tl Majoran
Pfeffer
2 El Öl
150 g Schafskäse
5 El saure Sahne

Kartoffelsuppenpulver mit dem Schneebesen laut Packungsanweisung in kochend heißes Wasser einrühren.
Tomaten und Salatgurke in Würfel schneiden und in eine Schüssel geben. Knoblauch ganz fein hacken und beifügen. Mit Kümmel, Zwiebelsalz, leicht zerriebenem Majoran, Pfeffer und Öl würzen und gut durchmischen.

Schafskäse in ca. 1 cm große Würfel schneiden und daruntermischen.
Diesen Salat in die Suppe geben und etwa 10 Minuten darin ziehen lassen. Mit Sahne abschmecken.

Hutspot

1 kg festkochende Kartoffeln,
roh, geschält und in dicke
Scheiben geschnitten
3 Zwiebeln,
in Würfel geschnitten
300 g weiße Bohnen, einen Tag
vorher eingeweicht
500 g Rinderbrust oder -rippe
Suppengrün: Karotte, Zwiebeln, Porreestange, Petersilienwurzel und Selleriescheibe,
das Suppengrün wird mit
einem weißen Faden zusam-
mengebunden
500 g Karotten,
in Scheiben geschnitten
1 Bund Petersilie
50 g Butter
Lorbeerblatt
Salz
Pfeffer

Weiße Bohnen 30 Minuten in
einem großen Topf im Ein-
weichwasser kochen lassen.
Fleisch, das zusammengebun-
dene Suppengrün, Lorbeerblatt
und Salz hinzufügen und weitere 60 Minuten köcheln lassen.
Nach 1½ Stunden Kochzeit
Kartoffeln, Karotten, Zwiebeln
und etwas Petersilie, Pfeffer
und Salz hinzufügen und alles
garen.
In der Zwischenzeit Butter in
der Pfanne bräunen. Nach ca.
2 Stunden Fleisch und Gemüse
aus der Brühe nehmen. Gemüse
in eine Schüssel füllen, mit der
gebräunten Butter übergießen
und mit der restlichen Petersilie
bestreuen.
Das in Scheiben geschnittene

Fleisch auf dem Gemüse
anrichten.
Hutspot ist ein holländisches
Nationalgericht. Im Originalre-
zept wird das Gemüse zer-
stampft auf den Tisch gebracht.

Abb. S. 91:
Bayerische Knödel mit
Kräutern (Rezept S. 98)
▷

Ob Klöße oder Knödel –
Genüßliches für Kenner

Gekochte Kartoffelklöße *(Grundrezept)* ▷

1 kg festkochende Kartoffeln
150–180 g Mehl
2 Eier
Salz
Muskat
Semmelwürfel
Fett zum Rösten
reichlich Salzwasser zum
Kochen

Kartoffeln möglichst tags zuvor kochen. Entpellen, reiben, mit Mehl, Eiern und Gewürzen zum Teig verarbeiten. Teig sollte nicht zu weich sein. Fett erhitzen, Semmelwürfel darin rösten. Aus dem Kloßteig Klöße formen. In jeden Kloß einige geröstete Semmelwürfel geben. Klöße mit bemehlten Händen nachformen. Probekloß kochen. Wenn er beim Kochen zerfällt oder zu weich wird, Bindemittel wie Mehl, Grieß, Semmelbrösel oder Eigelb in den Teig verarbeiten. Sollte der Teig zu fest werden, kann man ihn mit Milch oder Eiweiß lockern. Klöße in kochendes Wasser geben, Wärme herunterschalten und in siedendem Wasser garziehen lassen. Klöße schwimmen oben, wenn sie gar sind.

Gekochte Klöße-Variationen ▷

Kartoffelklöße mit Spinat:
250 g Spinat feinhacken, in etwas Butter und evtl. mit einer Knoblauchzehe dünsten und unter die Kartoffelmasse mischen.

Porreeklöße:
Unter die Kloßmasse 1 feingeschnittene Porreestange und 100 g feingewiegten Schinken mischen. Alles mit grobgeschrotetem Pfeffer abschmecken.

Pfälzer Klöße:
Die Klöße mit 400 g Pfälzer Leberwurst füllen. Dazu Leberwurst aus dem Darm nehmen, zu eßlöffelgroßen Klößen drehen und mit Kloßteig umwickeln.

Pflaumen- oder Aprikosenklöße:
8 Pflaumen oder 8 Aprikosen entsteinen und jeweils mit 1 Stück Würfelzucker füllen. Jede Pflaume oder Aprikose mit Kloßteig umwickeln. Nach dem Garen mit brauner Butter und Zimtzucker oder Vanillesauce servieren.

Himbeerklöße:
250 g Himbeeren mit 30 g Zucker bestreuen und jeweils 1 El Himbeeren in die geformten Klöße füllen. Restliche Himbeeren in wenig Wasser dünsten, mit Vanillinzucker und einigen Tropfen Zitronensaft abschmecken und zu den Klößen servieren.

Wenn gekochte Klöße übrig bleiben, kann man sie in Scheiben schneiden und in Butter aufbraten. Nach Wunsch können verquirlte Eier über die Bratklöße geschlagen werden. Alles mit Schnittlauchröll- chen bestreuen.

Rohe Kartoffelklöße (Grundrezept)

1 ½ kg rohe Kartoffeln
400–500 g gekochte
Kartoffeln
¼ l kochende Milch
Salz
Semmelwürfel
Fett zum Rösten
reichlich Salzwasser zum
Kochen

Kartoffeln waschen, schälen, bis zur Verarbeitung in kaltes Wasser legen, damit sie nicht braun werden. Rohe Kartoffeln in eine mit Wasser gefüllte Schüssel reiben. Dem Wasser einen Schuß Essig beifügen, damit sich die Kartoffelmasse nicht verfärbt. Geriebene Kartoffeln fest ausdrücken (im Kartoffelsäckchen). Ausgepreßte Kartoffelmasse mit der sich abgesetzten Kartoffelstärke verarbeiten. Kochende Milch sofort über die Kartoffelmasse gießen. Gekochte, ent-

pellte und durchgepreßte Kartoffeln dazugeben, mit Salz würzen und alles zum Kartoffelteig vermengen.
Mit nassen Händen aus dem Teig Klöße formen. In die Mitte jeden Kloßes einige geröstete Semmelwürfel geben. Klöße kurz nachformen. Probekloß kochen. Wenn der Teig zu weich geblieben ist, Grieß beifügen. Klöße in kochendes Wasser geben und in 15 bis 20 Minuten bei offenem Topf garziehen lassen (nicht mehr kochen).

Rohe Klöße-Variationen

Kräuter-Klöße:
Unter die fertige Kartoffelmasse reichlich gehackte, gemischte Kräuter rühren.

Speck-Klöße:
1 große Zwiebel, 100 g feingeschnittenen, geräucherten Speck anrösten und unter die Kartoffelmasse mischen.

Pfeffer-Klöße:
Unter die Kartoffelmasse 1 El grobgeschroteten, frischen grünen Pfeffer mischen.

Bauern-Klöße:
Unter die Kartoffelmasse 1 El feingeschnittenen Schnittlauch und 1 Tl Kümmelkörner mischen. Die Klöße mit 300 g Bratwurstmasse füllen; dazu eine Bratwurst aus dem Darm nehmen, zu walnußgroßen Kugeln formen und in den Kloß mischen.

Käse-Klöße:
Unter die Kartoffelmasse 2 El geriebenen Allgäuer Emmentaler, 1 El feingeschnittenen Schnittlauch und 1 El feingeschnittene Salami mischen.

Bei der Zubereitung von Klößen aus Kartoffeln immer zuerst einen Probekloß kochen. Der Feuchtig-keitsgrad der Kartoffeln kann die Konsistenz des Teiges beeinflussen. Ist der Teig zu weich und bricht er beim Kochen auseinander, kann man dem Kloßteig durch Beigabe von Bindemitteln (Mehl, Grieß, Semmelbrösel oder Eigelb) die richtige Konsistenz geben. Bei zu festem Teig lockert ihn die Beigabe von Eiweiß oder Milch.

Rohe Klöße *(Kloßpulver)*

Kloßpulver für rohe Klöße besteht aus Kartoffelreibseln, schon feingewürzt. Es braucht nur noch in kaltem Wasser zu quellen, und schon können Sie Ihre Klöße formen.

Grundrezept:
Packungsinhalt mit dem Schneebesen in kaltes Wasser einrühren, 10 Minuten quellen lassen. Dann Klöße formen, in kochendes Salzwasser einlegen, kurz aufkochen und 20 Minuten bei schwacher Hitze ziehen lassen.

Empfehlung: Servieren Sie rohe Klöße zu Schweine-, Rind- oder Hammelfleisch, Gulasch, Kasseler, allen Kohlgerichten und Pilzen.

Gekochte Klöße *(Fertigprodukt)*

Man hat heute eine große Auswahl bei Klößen aus Kloßpulver, es werden Klöße aus rohen, gekochten sowie halb aus rohen und halb aus gekochten Kartoffeln angeboten. Kloßpulver aus gekochten Kartoffeln besteht aus getrockneten Kartoffeln, Salz und Gewürzen. Nach kurzer Quellzeit in kaltem Wasser kann man Klöße herstellen.

Grundrezept:
Packungsinhalt mit dem Schneebesen in kaltes Wasser einrühren und 5 Minuten quellen lassen. Klöße formen, in kochendes Salzwasser einlegen, nicht mehr aufkochen lassen, sondern bei schwacher Hitze 20 Minuten ziehen lassen.

Empfehlung: Servieren Sie gekochte Klöße zu braunen Saucen mit Rotkohl oder Sauerkraut, mit gekochtem Obst, Backobst oder zu Schmor-, Schweine- oder Gänsebraten.

Kartoffelklöße aus der „Packung" (Fertigprodukt) verkürzen die zeitraubende Arbeit der Zubereitung.

Kräuterklößchen

△

2–3 El gehackte Kräuter
½ Zwiebel
schwarzer, gemahlener Pfeffer
½ Liter Wasser
1 Pckg. Rohe Klöße
(für 8 Stück)

Gehackte Kräuter wie Petersilie, Schnittlauch, Dill und Kerbel, geriebene Zwiebel und
Pfeffer in das kalte Wasser
geben. Inhalt der Packung rohe
Klöße (für 8 Stück) mit dem
Schneebesen einrühren und

10 Minuten quellen lassen. Aus
dem Kartoffelteig 8 Klöße formen, in kochendes Salzwasser
legen, kurz aufkochen und
20 Minuten bei schwacher
Hitze ziehen lassen.

Bayerische Sauerkrautklöße

1 Pckg. Rohe Kartoffelklöße
150 g Sauerkraut
150 g Kasseler
1 El Schweineschmalz
1 kleingehackte Zwiebel
1 durchgepreßte Knoblauchzehe
⅛ l trockener Weißwein
1 Tl scharfer Senf
1 Wacholderbeere
1 Pimentkorn
2 Nelken
Salz
Pfeffer

Klöße nach Vorschrift vorbe-
reiten. Sauerkraut zerpflücken
und kleinschneiden. Kasseler in
kleine Würfel schneiden und in
Schweineschmalz anbraten.
Kleingehackte Zwiebel und
Knoblauchzehe hinzugeben.
Nun das Sauerkraut darin etwas
anbraten lassen. Mit Weißwein
ablöschen. Senf, Wacholder-
beere, Pimentkorn, Nelken mit
Salz und Pfeffer hinzugeben.
Etwa 25 Minuten garen und
Wacholder, Piment und Nelken

herausnehmen. Aus dem vorbereiteten Teig 8 Klöße formen,
mit nassen Händen geht es besser. In die Mitte jeweils etwa
1 El Sauerkraut-Kasseler-
Gemisch geben.
Klöße in reichlich Salzwasser
kurz aufkochen, dann garziehen lassen.

Bayerische Knödel mit Kräutern (Abb. S. 91)

2 El gehackte Petersilie
1 Tl feingeschnittener Schnittlauch
1 Tl gehackter Dill
Muskat
½ l Wasser
½ Zwiebel
1 Pckg. Echt bayerische
Knödel

Petersilie, Schnittlauch, Dill
und Muskat in das kalte Wasser
geben. Zwiebel zufügen.
Knödelpulver mit dem Schneebesen einrühren und 10 Minuten quellen lassen. Aus dem
Teig mit angefeuchteten Händen 8 Knödel formen, in
kochendes Salzwasser legen

und bei schwacher Hitze
20 Minuten ziehen lassen.
Nicht mehr kochen!

TIP

Beim Kochen von Klößen reichlich Wasser bereitstellen: Klöße vergrößern sich beim Garen.

Echt bayerische Knödel – goldgelb gefüllt

1 Pckg. Echt bayerische
Knödel
½ l Wasser
½ Semmel
10 g Butter oder Margarine

Inhalt der Packung mit dem Schneebesen in das kalte Wasser einrühren und 10 Minuten quellen lassen. Semmel in Würfel schneiden und in heißer Butter oder Margarine goldgelb rösten. Aus dem Kartoffelteig mit angefeuchteten Händen

8 Knödel formen und in die Mitte die gerösteten Weißbrotwürfel geben.
Knödel in reichliche Menge kochendes Salzwasser legen und bei schwacher Hitze 20 Minuten ziehen lassen. Nicht mehr kochen!

Kartoffelknödel mit Mandelblättchen

1 Pckg. Kartoffelknödel halb
und halb in Kochbeuteln
(6 Stück)
60 g Mandelblättchen

Die gewünschte Anzahl der Knödel in Kochbeuteln in einen Topf mit kaltem, gesalzenem Wasser legen. Die Knödel müssen gut mit Wasser bedeckt sein. Wasser zum Kochen bringen, ca. eine Minute kochen lassen und 15 Minuten bei schwacher Hitze im geöffneten Topf ziehen lassen. Knödel herausnehmen, kurz mit kaltem Wasser abschrecken und den Kochbeutel aufreißen. Mandelblättchen in einer Pfanne goldgelb rösten und über die Knödel streuen.

Knödel mit Orangenschale

abgeriebene Schale einer
halben Orange (ungespritzt)
Pfeffer
½ Liter Wasser
1 Pckg. Knödel halb und halb
(für 8 Stück)

Abgeriebene Orangenschale
und Pfeffer in das kalte Wasser
geben. Knödelpulver (für 8
Stück) mit dem Schneebesen
einrühren und 10 Minuten
quellen lassen. Aus dem Kartoffelteig mit angefeuchteten
Händen 8 Knödel formen, in
kochendes Salzwasser legen,
kurz aufkochen und bei schwacher Hitze 20 Minuten ziehen
lassen.

101

Erdbeerklöße

1 Pckg. Gekochte Klöße
(für 8 Stück)
½ l Wasser
8 große Gartenerdbeeren
nach Belieben Rum
Vanillezucker
Zucker, Zimt
Butter oder Margarine

Inhalt der Packung gekochte Klöße (für 8 Stück) mit dem Schneebesen in kaltes Wasser einrühren und 5 Minuten quellen lassen. Erdbeeren nach Belieben in Rum tränken und in Vanillezucker wenden. Aus dem Kartoffelteig 8 Klöße formen und in die Mitte je eine Erdbeere geben. In kochendes Salzwasser legen und bei schwacher Hitze 20 Minuten ziehen lassen. Zucker und Zimt mischen und über die Klöße streuen. Butter oder Margarine zerlassen und dazu servieren.

Marillenknödel

1 Pckg. gekochte Kartoffelklöße
8 Aprikosen
8 Stück Würfelzucker
60 g Semmelbrösel
30 g Butter
Puderzucker

Kloßteig mit Wasser nach Vorschrift anrühren und quellen lassen. Konservenfrüchte gut abtropfen lassen, evtl. auf Haushaltstuch, 2 Hälften für einen Knödel. Frische Aprikosen entsteinen und ein Stück Würfelzucker je Knödel einlegen. Aus dem Kloßteig und je einer Aprikose Knödel formen, insgesamt 8. In kochendes Wasser legen und bei schwacher Hitze 20 Minuten ziehen lassen. Paniermehl oder Semmelbrösel in Butter goldgelb rösten. Aprikosenknödel darin wenden und mit Puderzucker bestreut servieren.

TIP

Nehmen Sie zum Kochen von Klößen einen möglichst großen, hohen Topf, damit sich die Knödel während des Garziehens frei bewegen und drehen können. Rohe Klöße sollten einmal kurz aufkochen, dann bei schwacher Hitze garen. Beim Garziehen der Klöße soll das Wasser nicht kochen, sondern sich nur leicht bewegen.

Gekochte Klöße mit Pflaumen in Armagnac ▷

1 Pckg. gekochte Klöße
(für 8 Stück)
½ Liter Wasser
8 Pflaumen in Armagnac
40 g Mandelblättchen

Inhalt der Packung gekochte Klöße (für 8 Stück) mit dem Schneebesen in das kalte Wasser einrühren und 5 Minuten quellen lassen. Die in Armagnac eingelegten Pflaumen entsteinen. Aus dem Kartoffelteig 8 Klöße formen und in die Mitte je eine Pflaume geben. Klöße in kochendes Salzwasser legen und bei schwacher Hitze 20 Minuten ziehen lassen. Inzwischen die Mandelblättchen in einer Pfanne goldgelb rösten und vor dem Servieren über die Klöße streuen.

Pfälzer Zwetschgenknödel

1 kg Kartoffeln, festkochend
300 g Mehl
2 kleine Eier
je 1 Prise Salz und geriebene
Muskatnuß
500 g Zwetschgen
Würfelzucker
6 bis 8 El Semmelbrösel
50 g Butter
Zucker und Zimt

Kartoffeln mit Schale kochen (am besten am Vortag). Die abgekühlten Kartoffeln pellen und durch eine Kartoffelpresse drücken. Mehl und Eier dazugeben, gut durchmischen. Mit Salz und Muskat würzen. Alles zusammen zu einem glatten Kartoffelteig kneten, eine Rolle daraus formen (Durchmesser ca. 7 cm). Davon reichlich dicke Scheiben abschneiden. Zwetschgen entsteinen und jede mit einem Stück Würfelzucker füllen. Auf jede Kartoffelteigscheibe eine gefüllte Zwetschge legen und alles zusammen zu einem runden, glatten Knödel formen. Die Knödel in kochendem Salzwasser ca. 10 bis 15 Minuten ziehen lassen, nicht sprudelnd kochen. Nicht zuviel Knödel auf einmal in den Kochtopf geben, sonst kleben sie zusammen. In der Zwischenzeit Semmelbrösel in Butter rösten. Zwetschgenknödel auf einem Sieb abtropfen lassen und in den gerösteten Semmelbröseln wenden. Mit Zucker und Zimt bestreuen, sofort servieren.

TIP

Übrigens: „Klöße" und „Knödel": damit ist immer das gleiche gemeint. In Österreich, Böhmen und Bayern nennt man sie Knödel. Klöße heißen sie in anderen Gebieten.

105

Wiener Powidltascherln

500 g Kartoffeln, vorwiegend
festkochend, geschält, gekocht
und zerdrückt (Kartoffelwasser
aufheben und wieder verwenden)
120 g Mehl
30 g Gries
1 Prise Salz und einen großen
Topf mit kochendem Wasser

Zutaten für Powidl (Pflaumen-
musfüllung):
15 Tl Pflaumenmus (Mus darf
nicht zu süß sein)

100 g Semmelbrösel
80 g Butter
1–2 El Rum
Zimt und Zucker

Kartoffelbrei schnell mit anderen Zutaten zu einem glatten
Teig verarbeiten.
Teig kurz im Kühlschrank
ruhen lassen und dann 2–3 mm
dick ausrollen. Pflaumenmus
mit Zimt und Rum zu einer
geschmeidigen Masse ver-
rühren, eventuell noch nach-

zuckern. Mit einem Wasserglas
Kreise ausstechen und in die
Mitte 1 Tl Powidl geben.
Zu Taschen zusammenklappen
und die Ränder fest zusammendrücken.
Im Salzwasser 4–5 Minuten
ziehen lassen.
Die Semmelbrösel unter ständigem Rühren in Butter goldgelb
rösten.
Powidltascherln damit überzie-
hen und mit Zucker bestreuen.

Abb. S. 107:
Bratkartoffeln mit Porree,
Speck und Fleischwurst
(Rezept S. 108)

Pfannengerichte, Aufläufe und Gratins

Bratkartoffeln mit Porree, Speck und Fleischwurst *(Abb. S. 107)*

750 g festkochende Kartoffeln
Kümmel
Zwiebel
Lorbeerblatt
125 g durchwachsener,
geräucherter Speck
125 g Fleischwurst
150 g Porree
Salz
Pfeffer aus der Mühle
Muskatnuß
Schnittlauchröllchen

Kartoffeln gut waschen und zusammen mit Kümmel, Zwiebeln und Lorbeerblatt kochen (Kartoffeln mit der Schale kochen, möglichst schon am Vortag).

Die kalten Kartoffeln in nicht zu dünne Scheiben schneiden. Speck in Würfel schneiden und in der Pfanne langsam ausbraten. Die ausgebratenen Speckwürfel herausnehmen und beiseite stellen. Die Kartoffeln in das heiße Fett legen und schön goldbraun braten. Fleischwurst in grobe Würfel schneiden, zu den Kartoffeln geben und gleichfalls anbraten. Wenn die Wurst die richtige Bräunung erhalten hat, gibt man die Speckwürfel wieder mit hinein. Geputzten und gewaschenen Porree, in ganz hauchdünne Streifen geschnitten, in die Bratkartoffelpfanne geben (wenn er nicht so fein ist, zuvor in kochendem Salzwasser blanchieren). Wenn der Porree heiß ist, kann alles mit Salz, Pfeffer und Muskatnuß gewürzt und mit Schnittlauch bestreut serviert werden.

Bauernpfanne

1 kg festkochende Kartoffeln
150 g Porree
125 g durchwachsener,
geräucherter Speck
4 El Butter
Salz
weißer Pfeffer
4 Eier
6 El Sahne
2 El gemischte, gehackte
Kräuter
Salz
Pfeffer

Kartoffeln kochen, die Schale abziehen und grob würfeln. Porree putzen, sorgfältig waschen und abgetropft in feine Streifen schneiden. Speck klein würfeln. In einer großen Pfanne glasig braten. Butter zugeben und erhitzen. Kartoffelwürfel darin goldbraun rösten. Mit Salz und Pfeffer würzen. Porreestreifen kurz mitbraten. Eier mit Sahne und Kräutern verquirlen. Mit Salz und Pfeffer abschmecken. Auf die Kartoffelwürfel gießen, stocken lassen, wenden und goldbraun braten.

Dazu paßt:
Kopfsalat in Kräutermarinade.

Pikante Kartoffelpfanne

1 Pckg. Knödel halb und halb
¾ l Wasser
2 El Keimöl
125 g gewürfelter, durchwachsener Speck
4 Eier
⅛ l Milch
Paprika
Pfeffer
125 g gewürfelter Schweizer
Käse
Schnittlauchröllchen

Beutelinhalt (für 12 Stück) mit einem Schneebesen in kaltes Wasser einrühren und 10 Minuten quellen lassen. Aus der Knödelmasse Rollen von etwa 5 cm Durchmesser formen und in Scheiben schneiden.
Öl in einer Pfanne heiß werden lassen, die Hälfte des Specks dazugeben und die Hälfte der Knödelscheiben darin von beiden Seiten knusprig braun braten und herausnehmen. Die zweite Hälfte genauso braten und alles wieder in die Pfanne geben. Eier und Milch verrühren, mit Paprika und Pfeffer abschmecken. Eiermilch und Käse über die Knödelscheiben geben und bei schwacher Hitze mit geschlossenem Deckel stocken lassen. Mit Schnittlauch bestreuen.

Dazu paßt:
eine große Schüssel gemischter Salat.

Schnelle Kartoffelpfanne

(Für 1 Person)

250 g festkochende Kartoffeln
1 El Butter
Salz
Pfeffer
Zwiebelpulver
Schnittlauch
Limburger, Romadur, Brie
oder Weißlacker-Käse

Kartoffeln gründlich waschen, gut abtropfen und mit der Schale in dünne Scheiben schneiden.
Butter in nicht haftender Pfanne über Mittelhitze bräunen, Kartoffeln hineingeben und mit Salz, Pfeffer und Zwiebelpulver würzen. Unter mehrfachem Wenden 10 Minuten braten. Mit Schnittlauch bestreuen und mit Limburger, Romadur, Brie oder Weißlacker-Käse servieren.

Angelaufenes Silberbesteck in abgefangenes Kartoffelwasser legen!

Hessisches Bauernfrühstück

▷

1 kg Kartoffeln
60 g Butter
3 El gewürfelte Zwiebeln
¼ l Sahne
1 Tl Zitronensaft
Salz
Pfeffer
1 Bund Kerbel oder Petersilie
(gehackt)
200 g Schinkenscheiben

Kartoffeln (festkochend) kochen, abpellen und in Scheiben schneiden.
Butter in der Pfanne zerlassen und darin die gewürfelten Zwiebeln glasig werden lassen. Die Kartoffeln zufügen und von beiden Seiten goldbraun braten. Sahne über die Kartoffeln verteilen und mit Zitronensaft beträufeln. Mit Salz und Pfeffer abschmecken. Kerbel oder Petersilie unterheben. In der Pfanne servieren. Kurz vorher Schinkenscheiben in Röllchen darauflegen. Man bedient sich mit einem Löffel, damit man auch von der herrlichen Sauce etwas bekommt.

Bauernfrühstück mit Quark und Speck

1 kg Kartoffeln
200 g geräucherten,
durchwachsenen Speck
4 Zwiebeln
6 Eier
1 Tasse Sahnequark
1 Becher saure Sahne
1 Tl Kümmel, Salz und Pfeffer
feingehackter Schnittlauch
Tomatenscheiben

Kartoffeln, möglichst festkochende, waschen, ungeschält mit wenig Wasser garen und abpellen.
Erst am nächsten Tag die Kartoffeln in dicke Scheiben schneiden. Speck kleinschneiden und in einer Pfanne anbraten.
Zwiebeln schälen, würfeln und in dem ausgelassenen Speck glasig und braun werden lassen.
Die Kartoffelscheiben zugeben und goldgelb braten. Eventuell etwas Butter zufügen.
Eier mit Sahnequark, saurer Sahne und Kümmel, Salz und Pfeffer verquirlen.
Die Mischung über die Kartoffeln gießen und bei milder Hitze stocken lassen.
Heiß servieren. Wer mag, kann noch Schnittlauch darüberstreuen und mit Tomatenscheiben garnieren.

Husumer Kartoffelfrühstück

1 Pckg. Bratkartoffeln im
Frische-Pack
20 g Butter oder Margarine
½ Zwiebel
125 g Nordseekrabben
2 bis 3 Spritzer Tabasco
Pfeffer
Salz
2 bis 3 El Öl
Kümmel
3 Eier
3 El Sahne
Muskat
2 El grob geschnittener
Schnittlauch

Butter oder Margarine zerge-
hen lassen, in kleine Würfel
geschnittene Zwiebeln und
Krabben beifügen und alles
5 bis 7 Minuten dünsten, nicht
bräunen. Mit Tabasco, Pfeffer
und Salz würzen, auf einen
Teller geben und warm stellen.
Bratkartoffeln aus dem Frische-
Pack – ohne Fettzugabe – in
eine kunststoffbeschichtete
Pfanne geben und mit Kümmel
bestreuen. Unter gelegentli-
chem Wenden in 10 bis 15
Minuten bei mittlerer Hitze

goldbraun braten. Dann die
Krabben dazugeben. Eier,
Sahne, Muskat, Pfeffer und
Salz gut miteinander verrühren,
über die Kartoffelscheiben
gießen und stocken lassen.
Vor dem Servieren den Schnitt-
lauch daruntermischen.
Mit einer bunten Salatschüssel
servieren – nicht nur zum
Frühstück.

Feine Kartoffelroulade

1 Paket Kartoffelkroketten
250 g Hackfleisch
1 feingehackte Zwiebel
2 El Semmelbrösel
1 Ei
1 fein geschnittene Tomate
2 zerdrückte Knoblauchzehen
2 El feingehackte Petersilie,
Schnittlauch, frischen Oregano
und Thymian
Salz und Pfeffer
Paprikapulver
Mehl
3 bis 4 El heißes Öl oder Butter

Pulver nach Anweisung auf der
Packung in kaltes Wasser einrühren und ausquellen lassen.
Inzwischen Hackfleisch, Zwiebel, Semmelbrösel, Ei, Tomate
und Gewürze miteinander vermengen.
Krokettenteig gut durchkneten
und auf einer mit Mehl
bestäubten Arbeitsplatte etwa
1 cm dick ausrollen. Mit der
Hackfleischmasse bestreichen
und aufrollen. Von der Roulade
1 cm dicke Scheiben abschnei-

den, in heißes Fett geben und
von beiden Seiten goldbraun
backen.

Dazu gibt es:
Sauerkraut oder Salat.

Kartoffelpuffer mit Sahnepilzen

▷

1 Pckg. Kartoffelpuffer
(für 15 Stück)
½ l Wasser
1 Ei
Öl zum Braten
1 Dose Champignons (400 g)
⅛ l Sahne
1 Tl Speisestärke
1 El mittelscharfer Senf
Salz
1 Prise Zucker
1 Kistchen Kresse

Packungsinhalt in das kalte Wasser einrühren. Ei beifügen und 10 Minuten quellen lassen. Aus dem Teig in heißem Öl 4 große Kartoffelpuffer braten. Champignons in der eigenen Flüssigkeit erhitzen, bis diese etwa zur Hälfte verkocht ist. Sahne, Speisestärke und Senf verrühren und die Champignonflüssigkeit damit binden. Mit Salz und Zucker ab-

schmecken. Sahnepilze auf den Puffern verteilen und die Kresse in Büscheln dazwischen setzen.

Dazu gibt es:
Kopfsalat mit Möhrenraspeln oder einen anderen frischen Salat.

Reibekuchen zu Schinkensülze und Salat

350 g rohe, mehligkochende Kartoffeln
1 Eigelb
Salz
frisch gemahlener Pfeffer
30 g Butterschmalz
1 kleiner Bund Schnittlauch
1 Schalotte
20 ml Weißweinessig
60 ml Pflanzenöl
Salz
Pfeffer
etwas Senf
4 Scheiben Schinkensülze
á 200 g
1 Kopfsalat
Kapuzinerkresseblüten zum Garnieren

Kartoffeln waschen, schälen, fein reiben und leicht ausdrücken. Kartoffelsaft stehen lassen und abgießen, so daß die abgesetzte Stärke zurückbleibt. Diese zusammen mit dem Eigelb zu den Kartoffeln geben und mit Salz und Pfeffer würzen.
Butterschmalz in einer Pfanne erhitzen und bei mittlerer Hitze 8 gleichmäßige Reibekuchen ausbacken.
Essig und Öl zu einer Vinaigrette verrühren. Essig und Öl müssen die gleiche Temperatur haben. Zunächst den Essig in eine Schüssel geben und dann

Öl tropfenweise unter ständigem Rühren hinzufügen, bis die Vinaigrette schließlich sämig ist.
Anschließend kleingeschnittene Schalotte und Schnittlauch hinzufügen und mit Senf abschmecken.
Sülze-Scheiben mit den Reibekuchen und dem geputzten Kopfsalat anrichten.
Vinaigrette über den Salat geben und mit Kapuzinerkresseblüten garnieren.

Riesenpuffer mit Balkangemüse

(Für 3 Personen)

1 Pckg. Kartoffelpuffer
½ l Wasser
1 Ei
1 Pckg. TK Balkangemüse
(300 g)
100 g in kleine Würfel
geschnittene Fleischwurst

1 Tl Oregano
6 El Mais-Keimöl

Beutelinhalt nach Anweisung
anrühren und 10 Minuten quellen lassen.
Ei, aufgetautes Balkangemüse,
Fleischwurst und Oregano dar-
unterrühren.

Öl in einer Pfanne erhitzen, ein
Drittel des Pufferteiges hineingeben und einen Riesenpuffer
von beiden Seiten knusprig
braun braten.
Diesen Vorgang mit dem restlichen Pufferteig zweimal wie-
derholen.

Salami-Rösti

(Für 2 Personen)

½ Zwiebel
100 g ungarische Salami
50 g grüne Paprikaschote
2 El Öl
scharfes Paprikapulver
1 Frischepackung Rösti

Zwiebel, Salami und Paprikaschote in kleine Würfel
schneiden. Alles in heißem Öl
in einer mittelgroßen Pfanne
anbraten. Mit scharfem Paprikapulver würzen.
Den Frischebeutel aus der
Röstipackung aufschneiden.
Den Inhalt in die Pfanne geben,
mit einem Pfannenwender
gleichmäßig zerteilen und mit
den übrigen Zutaten gut vermischen. Ab und zu durchrühren
und kurz anbraten. Dann eine
Rösti-Scheibe formen, d. h. die
Kartoffelmasse vom Rand zur

Mitte gut andrücken. Bei mittlerer Hitze etwa 5 Minuten braten, bis eine goldbraune Kruste
entsteht. Einen großen flachen
glatten Deckel oder Teller auf
die Pfanne legen. Teller und
Pfanne fest aufeinanderdrücken
und mit Schwung umdrehen.
Die Rösti, mit der gebräunten
Seite nach oben, vom Teller in
die Pfanne gleiten lassen und
die zweite Seite goldbraun braten.

Dazu paßt: Salat.

Doppeldecker „Exquisit"

▷

1 Pckg. Kartoffelpuffer
(für 15 Stück)
½ l Wasser
Pflanzenfett
8 Scheiben gekochter Schinken
(ca. 200 g)
125 g Roquefort
2 Birnen
etwas Zitronensaft

Inhalt der Packung Kartoffelpuffer mit dem Schneebesen in das kalte Wasser einrühren und 10 Minuten quellen lassen. Aus dem Teig in heißem Pflanzenfett 16 kleine Kartoffelpuffer backen und warmstellen. Auf 8 Kartoffelpuffer je eine Scheibe gekochten Schinken legen und darauf den Roquefort streichen. Birnen schälen, in Viertel schneiden und das Kerngehäuse entfernen. Birnenviertel in Scheiben schneiden und fächerartig auf den Roquefort legen. Mit etwas Zitronensaft beträufeln und je einen Kartoffelpuffer darauflegen.

Kartoffelpuffer mit Apfelmus und Zucker

1 Pckg. Kartoffelpuffer
(für 15 Stück)
½ Liter Wasser
Pflanzenfett
1 Glas Apfelmus (300 g)
40 g Zucker

Inhalt der Packung Kartoffelpuffer mit dem Schneebesen in das kalte Wasser einrühren und 10 Minuten quellen lassen. Kartoffelteig eßlöffelweise in heißes Pflanzenfett geben und etwa 15 Kartoffelpuffer goldbraun backen. Apfelmus und Zucker dazu servieren. Als süße Variante schmecken zu Puffern auch Preiselbeeren, Zimtzucker, Apfelkraut, Konfitüren oder herzhaftes Kompott.

RUND UM DIE KARTOFFEL

Wegen ihrer schönen Blüten ließ der Große Kurfürst 1651 Kartoffeln in seinem Lustgarten in Berlin anpflanzen. In Brandenburg wurde der Kartoffelanbau 1720 durch eingewanderte Pfälzer Bauern eingeführt. Schon 1738 konnte man in der Umgebung von Berlin blühende Kartoffelfelder beobachten.

121

Kartoffel-Hähnchen-Pfanne

▷

(Für 2 Personen)

2 Hähnchenschenkel
Salz und Paprika
1 El Öl
1 El Butter
500 g Kartoffeln
1 Bund Lauchzwiebeln
1 bis 2 Stangen Porree
½ Bund glatte Petersilie
1 Tasse Fleischbrühe

Hähnchenschenkel abspülen und leicht trockentupfen, mit Salz und Paprika würzen und im Schmortopf in Öl und Butter anbraten.
Kartoffeln (festkochend) schälen und vierteln, Lauchzwiebeln oder Porree in Stücke oder Scheiben schneiden, Petersilie abzupfen und Fleischbrühe, eventuell auch Knoblauch, hinzufügen. Alles 40 Minuten bei 200 Grad im geschlossenen Schmortopf im Backofen garen, im Topf servieren.

Vitaminbombe nach Margret's Art

4 große Paprika
Salz
500 g Sauerkraut
Butterschmalz
5 Wacholderbeeren
1 Lorbeerblatt
200 ml trockener Weißwein
1 mittelgroße Kartoffel
Kerne von 8 Walnüssen
200 ml süße Sahne
2 Zwiebeln
2 Knoblauchzehen
400 g Rinderhackfleisch
Pfeffer
Salz
Paprika edelsüß
4 Tomaten
Basilikum
Petersilie

Die Paprika quer halbieren, entkernen, Strunk nicht entfernen. 10 Minuten in Salzwasser kochen, im kalten Wasser abschrecken, gut abtropfen. Sauerkraut in Butterschmalz anbraten, Wacholderbeeren, Lorbeerblatt und Wein dazugeben, 15 Minuten dünsten. Die Kartoffeln in das Sauerkraut reiben, grobgehackte Walnüsse und die Sahne dazugeben, aufkochen. Eine feingehackte Zwiebel und eine zerdrückte Knoblauchzehe in Butterschmalz dünsten, das Hackfleisch dazugeben und einige Minuten braten. Sauerkrautmasse daruntermischen, mit Salz, Pfeffer, Paprika würzen und in die Paprikahälften füllen.
In einer feuerfesten Form eine kleingeschnittene Zwiebel und eine zerdrückte Knoblauchzehe sowie die geschälten und kleingeschnittenen Tomaten in Butterschmalz andünsten.
Mit Wein aufgießen und mit Salz, Pfeffer, Basilikum und Petersilie würzen.
Die gefüllten Paprikaschoten in diese Sauce setzen und im vorgeheizten Backofen bei 220° C (Gasherd Stufe 4) ca. 15 bis 20 Minuten braten.

Schnibbelskuchen

(Für 2 Personen)

½ kg rohe Kartoffeln
75 g Mehl
⅛ l Milch
1 Ei
1 Tl Salz
40 g Schmalz

Kartoffeln – am besten eine festkochende Sorte – werden geschält, in dünne Scheiben und dann in Stifte geschnitten. Diese vermengt man mit Mehl, Milch, Ei und Salz.
Man muß den Teig gut durcharbeiten, damit alle Kartoffelstäbchen untermengt sind. Schmalz und kleingeschnittenen Speck oder Pflanzenöl in eine Pfanne mit gut schließendem Deckel geben. Wenn das Fett heiß ist, gibt man den Kartoffelteig hinein, verteilt ihn über die ganze Pfanne und stellt die Temperatur etwas herunter, schließt mit einem Deckel und läßt den Schnibbelskuchen etwa 10 Minuten garen. Wenn der Rand beginnt sich zu bräunen, kann gewendet wer-

den. Man nimmt den Deckel in die linke Hand und schiebt den Kuchen aus der Pfanne auf den Deckel. Sollte noch Fett in der Pfanne sein, gießt man dieses auf die noch ungebackene Seite und stülpt die Pfanne nun auf den Deckel, dreht blitzschnell die Pfanne um, so daß die ungebackene Seite des Kuchens unten landet. Die Unterseite wird ohne Deckel gegart, bis sie schön braun ist. Mit etwas Schnittlauch bestreut wird der Kuchen serviert und sollte sofort gegessen werden.

Während man im Rheinland den Schnibbelkook mit Apfelmus oder Apfelgemüse ißt, serviert man ihn in Westfalen mit Schwarzbrot und Rübenkraut.

Kartoffel-Käse-Kasserolle

▷

1 kg Kartoffeln
500 g Zwiebeln
10 Scheiben Käse
(Scheibletten)
1 Knoblauchzehe, zerdrückt
2 Eier
2 El saure Sahne
1 Zweig Rosmarin
je 1 Prise Salz und frisch gemahlener Pfeffer

Kartoffeln waschen, schälen und in nicht zu dünne Scheiben schneiden. Zwiebeln in Ringe schneiden. Jede Scheiblette in 4 Quadrate teilen. Knoblauch, Eier und saure Sahne verquirlen, mit Salz und Pfeffer würzen.
Kartoffeln und Zwiebeln in eine flache, feuerfeste Auflauf-

form schichten (Durchmesser ca. 28 cm), Scheiblettenquadrate gleichmäßig verteilt dazwischenstecken. Eiermasse darübergießen. Mit Rosmarinnadeln bestreuen.
In den Backofen schieben und bei 225° C, (Gas Stufe 3–4) 50 bis 60 Minuten backen.

Pikantes Soufflé

600 g Kartoffeln, vorwiegend
festkochend, geschält, gekocht,
zerdrückt (oder 2½ Portionen
Kartoffelbrei-Fertigprodukt)
2 El Butter
4 Eier
50 g Tilsiter,
fein gerieben
50 g Allgäuer Emmentaler,
fein gerieben
½ Tasse Milch
Butter zum Einfetten
Salz
Pfeffer und Muskat
(beides frisch gemahlen)

Ofen auf 175° C stellen. Eier trennen. Eigelb gut mit dem Mixer verrühren. Warmen Kartoffelbrei und Butter dazugeben. Käse und Milch sowie je eine Prise Salz, Pfeffer und Muskat hinzufügen. Alles gut verrühren, bis der Brei ganz geschmeidig wird. Eiweiß langsam steif schlagen, Eischnee sofort und vorsichtig unter den Brei heben. Souffléform einfetten und Brei einfüllen. In den vorgeheizten Ofen schieben, 30 bis 40 Minuten backen lassen. Erst herausnehmen, wenn das Soufflé schön aufgegangen und hellbraun ist. Sofort servieren.

Dazu gibt es:
Einen leicht gewürzten grünen Salat, damit der Geschmack des Soufflés voll zur Geltung kommt.

Pergamentpapier oder Alufolie um den oberen Rand der Schüssel legen, damit das Soufflé nicht zusammenfallen kann. Backofen auf 175 Grad vorheizen. Nicht höher stellen, weil sonst das Soufflé außen zu schnell braun wird, während es innen noch nicht gar ist.

Deftiger Kartoffelauflauf ▷

1 kg Kartoffeln
½ l Schlagsahne
⅛ l Milch
4 Eigelb
Salz
frisch gemahlener weißer Pfeffer
40 g Butter
100 g geriebener Emmentaler
40 g Butter

Kartoffeln (vorwiegend festkochend) waschen, schälen und in Scheiben schneiden. Scheiben mit Küchenkrepp trockentupfen. Schlagsahne und Milch aufkochen und abkühlen lassen. Eigelb verquirlen und in die Sahne-Milch-Mischung einrühren.
Auflaufform mit Butter einfetten. Kartoffelscheiben schuppenartig einlegen. Jede Schicht mit Salz und Pfeffer leicht würzen. Butter in Flöckchen darauf verteilen und mit Emmentaler bestreuen. Darauf die Eigelb-Sahnemischung gießen. Mit Butterflöckchen belegen. Im vorgeheizten Backofen bei 225° C (Gas: Stufe 4) auf der mittleren Schiene 60 bis 70 Minuten gratinieren.
10 Minuten vor Ende der Garzeit mit Alufolie abdecken, damit der Auflauf nicht zu braun wird.

127

Kartoffel-Käse-Auflauf

1 kg Kartoffeln, festkochend
Salz und Pfeffer
200 g geräucherter,
durchwachsener Speck oder
Schinken
150 g geriebener Emmentaler
½ l Sahne
4 Eier
Salz und Pfeffer
Muskat
einige Butterflöckchen

Kartoffeln schälen, waschen, in dünne Scheiben hobeln (am besten mit der Küchenmaschine) und 3 Minuten blanchieren. Mit Salz und Pfeffer würzen. Speck oder Schinken fein würfeln.
Eine feuerfeste Auflaufform dünn mit Butter ausstreichen, Kartoffelscheiben und Schinken hineingeben. Mit Käse bestreuen. Sahne (wahlweise ¼ l Sahne und ¼ l Milch) mit den Eiern verquirlen, mit Salz, Pfeffer und Muskat würzen und über die Kartoffeln gießen. Butterflöckchen darauf verteilen und bei 175° C 50 bis 60 Minuten backen.
Evtl. nach 45 Minuten mit Alufolie abdecken.

Gentlemen-Torte

1 kg Kartoffeln, vorwiegend
festkochend, in der Schale
gekocht, gepellt und in
Scheiben geschnitten
1 kg Tomaten
500 g Hackfleisch
5 Zwiebeln,
klein gehackt
½ Tl frische, rote Pepperoni,
ganz klein gehackt
3 El Butter
2 Eier
2 El Sahne
Butter zum Einfetten und
Bestreuen
1 Knoblauchzehe, zerdrückt
Salz
Pfeffer, frisch gemahlen
Kreuzkümmel (Cumin)

Springform mit Butter einfetten und Ofen auf 200° C stellen. Alle Tomaten ganz kurz in kochendes Wasser geben, herausnehmen und sofort die Haut abziehen, beiseite stellen. Vier Zwiebeln und Knoblauchzehe in 2 El Butter glasig dünsten. Vier Tomaten in Scheiben schneiden, Kerne herausnehmen. Übrige, in kleine Würfel gehackte Tomaten zu den Zwiebeln geben, mit Petersilie, Salz und Pfeffer abschmecken und fünf Minuten kochen lassen. Beiseite stellen. Restliche Zwiebel in restlicher Butter glasig dünsten. Hackfleisch, Pepperoni, Salz, Pfeffer und Kreuzkümmel hinzufügen und unter ständigem Rühren garen. Beiseite stellen. Die Hälfte der Kartoffeln in die Springform einschichten. Eier mit Sahne und Kreuzkümmel würzen. Eine Hälfte der Eimischung über die Kartoffeln gießen. Nacheinander die Tomaten-Zwiebel-Mischung, das Hackfleisch und die restlichen Kartoffeln einschichten. Zum Schluß wird die Torte mit den in Scheiben geschnittenen, übrig gebliebenen, entkernten Tomaten belegt und mit Eimischung übergossen. Tomaten mit Salz und Pfeffer würzen, mit Butterflöckchen bestreuen und im vorgeheizten Backofen 20 Minuten bei 200° C backen.

129

Blumenkohl-Auflauf ▷

500 g Kartoffeln
1 Blumenkohl
3 El Sahne
1 Schuß Weißwein
30 g Mehl
¼ l heiße Milch
¼ l Fleischbrühe
Salz
weißer Pfeffer
Muskat
2 geschlagene Eigelb
200 g Schinken
gehackte Petersilie
Emmentaler Käsescheiben

Kartoffeln (festkochend) in der Schale kochen, pellen.
Blumenkohl putzen, in kochendem, gesalzenem Wasser ca. 15 Minuten nicht ganz gar kochen, abtropfen lassen und zur Seite stellen.
In den Fond des Blumenkohls (es sollte nicht mehr Fond verwendet werden, als notwendig ist, um die Kartoffeln zu bedecken; das richtet sich nach der Größe der Form) Sahne, Wein, Mehl, Milch und Fleischbrühe einrühren, mit Salz, Pfeffer und Muskat würzen, 5 Minuten kochen lassen. Dann Eigelb einrühren.

Die Sauce nochmals erhitzen, aber nicht kochen.
Den Blumenkohl in eine große, mit Butter eingefettete hitzefeste Form setzen, um ihn herum die in Scheiben geschnittenen Pellkartoffeln schichten, leicht salzen.
Schinken würfeln und auf den Kartoffeln verteilen.
Sauce darübergießen, mit Petersilie überstreuen und über alles dünne Käsescheiben legen.
Im vorgeheizten Backofen bei 225° C 10 bis 15 Minuten überbacken, bis die Oberfläche goldgelb ist.

RUND UM DIE KARTOFFEL

In der Zeit von 1842 bis 1847 wurde Irland von Mißernten heimgesucht, die auf die Kartoffelkrautfäule zurückzuführen waren. Auf Mißernten folgten Hungersnöte. Der Kartoffelanbau bildete in dieser Zeit schon die Nahrungsgrundlage der Bevölkerung. Irland trafen die Mißernten deswegen am härtesten. In diesen Jahren verlor das Land bei einer ungefähren Bevölkerungszahl von 8 Millionen durch Verhungern und Auswanderung über eine Million Menschen.

131

Kartoffelauflauf mit Frühlingszwiebeln und Möhre

▷

1 Scheibe durchwachsener
Speck (25 g)
200 g in feine Scheiben
geschnittene Kartoffeln
100 g in Ringe geschnittene
Frühlingszwiebeln
1 grob geraffelte Möhre (100 g)
1 Becher Joghurt (150 g)
1 Ei
¼ l Milch
evtl. etwas Fleischsuppe
(Instant)

Salz
Pfeffer
1 Bund Schnittlauch
etwa 3 gehäufte El Klassische
Mehlschwitze, hell, Instant
30 g geriebener Emmentaler

In Würfel geschnittenen Speck, Kartoffeln, Frühlingszwiebeln und Möhre vermischen. Joghurt und Ei mit einem Schneebesen verrühren. Milch, Fleischsuppe, Salz, Pfeffer, feingeschnittenen Schnittlauch und Klassische Mehlschwitze, hinzufügen, verrühren und abschmecken. Gemüse mit der Ei-Milch-Mischung vermischen und alles in eine gefettete Auflaufform geben. Käse darüberstreuen und im vorgeheizten Backofen bei 175 bis 200° C (Gas: Stufe 2–3) 50 bis 60 Minuten backen.

Gratinierte Kräuterkartoffeln

1 ¼ kg Kartoffeln
Salz
40 g Margarine für Form und
Flöckchen
35 g Mehl
⅛ l Weißwein
⅛ l Milch
¼ l Hühnerbrühe
je ½ Tl Basilikum, Thymian,
Majoran
je 1 Msp. Pfeffer, Muskat
1 Bund Schnittlauch
2 El geriebener Käse

Die geschälten Kartoffeln in Scheiben schneiden, in kochendem Salzwasser aufkochen, abtropfen lassen. Aus Margarine, Mehl, Wein, Milch und Brühe eine helle Grundsauce bereiten und mit den Gewürzen abschmecken. 5 Minuten kochen, gehackten Schnittlauch unterrühren.
Die Kartoffeln in eine gefettete Auflaufform geben, die Sauce darübergießen und mit Marga-rineflöckchen besetzen. Die Form mit Alufolie bedecken; im vorgeheizten Ofen etwa 50 Minuten bei 225° C (Gas: Stufe 4) garen. Folie entfernen, den Käse über die Kartoffeln streuen und weitere 10 Minuten überbacken.

Dazu paßt:
Grüner Salat.

133

Hefekartoffeln aus Pommern

750 g Kartoffeln
4 Zwiebeln
1 kleine Stange Porree (100 g)
2 El Mais-Keimöl
1 Würfel Hefe
½ l Wasser
2 gehäufte Tl Fleischsuppe
(Instant)
50 g Klassische helle Mehlschwitze
1 Bund Schnittlauch
Salz
1 El Butter

Kartoffeln in der Schale kochen, mit kaltem Wasser abschrecken und noch warm pellen, dann in Scheiben schneiden.
Zwiebeln in Würfel schneiden. Porree putzen, waschen und in dünne Ringe schneiden. Zwiebeln und Lauch in heißem Mais-Keimöl glasig braten, Hefe dazubröckeln und unter Rühren flüssig werden lassen. Wasser dazugießen, aufkochen und Fleischsuppe (Instant) und Klassische Mehlschwitze unter Rühren einstreuen. Etwa eine Minute kochen lassen.

Schnittlauch waschen und kleinschneiden. Sauce mit Salz abschmecken und Schnittlauch unterrühren.
Eine gefettete flache Auflaufform abwechselnd mit Kartoffelscheiben und Sauce einfüllen. Auf die letzte Schicht Butterflöckchen setzen.
Die Hefekartoffeln in den vorgeheizten Backofen geben und bei 200° C im Elektroherd (im Gasherd Stufe 3) etwa 45 Minuten backen.

Dazu paßt:
Grüner Blattsalat mit Tomaten.

Quiche von Sauerkraut und Putenbrust

250 g Mehl
100 g Butter
30 ml Wasser
Salz
250 g geräucherte Putenbrust
in Scheiben
500 g Sauerkraut
2 gekochte Kartoffeln
1 mittelgroße Stange Porree
(nur das Weiße)
¼ l Milch
¼ l Sahne
4 Eier
1 Eigelb

Salz
Pfeffer
Kerbel zum Garnieren

Aus Mehl, Butter, Wasser und etwas Salz einen Teig kneten, ca. 1 Stunden ruhen lassen. Das Putenbrustfleisch in feine Streifen schneiden.
Eine Backform, ca. 28 cm Durchmesser, mit Teig auslegen. Darauf achten, daß der Rand ca. 2 cm hoch ist. Das kleingeschnittene Sauerkraut

und das Fleisch darauf verteilen. Zuletzt die kleingewürfelten Kartoffeln und den hauchdünn geschnittenen Porree darübergeben.
Milch, Sahne, Eier und Eigelb verquirlen, mit Salz und Pfeffer würzen und über die Sauerkrautfüllung geben.
Im vorgeheizten Backofen bei 200 Grad ca. 30 bis 40 Minuten backen. Mit Kerbel garnieren.

Westfälischer Sauerkrautauflauf

500 g gekochte Kartoffeln
200 g grobe Mettwurst
60 g Allgäuer Emmentaler
1 Apfel
1 Birne
Butterschmalz zum Einfetten
500 g Sauerkraut
4 Eier
½ l Milch
Salz und Pfeffer
1 Bund Schnittlauch

Die gepellten Kartoffeln und die grobe Mettwurst in Würfel oder Scheiben schneiden. Den Käse würfeln, Apfel und Birne schälen, das Kernhaus entfernen und in kleine Würfel schneiden.
Eine feuerfeste Form gut mit Butterschmalz einfetten, lagenweise Sauerkraut, Kartoffeln, Mettwurst, Apfel, Birne und Käse einfüllen. Mit Sauerkraut bedecken.
Die Eier mit Milch verquirlen, mit Pfeffer und Salz würzen und über das Sauerkraut gießen.
Im vorgeheizten Backofen bei 200° C ca. eine Stunde backen. Vor dem Servieren mit gehacktem Schnittlauch bestreuen.

Auflauf Genueser Art

1000 g Kartoffeln, roh, geschält und in dünne Scheiben geschnitten
1 große Zwiebel, in kleine Würfel geschnitten
40 g getrocknete Steinpilze (man kann auch andere Pilze nehmen)
1 Bund Petersilie, klein gehackt
0,2 l abgekochte Milch
0,1 l Sahne
150 g Allgäuer Emmentaler, gerieben
4 El Semmelbrösel
2 Eier
1 Knoblauchzehe
2 El Butter
Salz und Pfeffer

Steinpilze sehr gründlich waschen und 20–30 Minuten in warmem Wasser einweichen – die Pilze müssen ganz mit Wasser bedeckt sein. Danach die Steinpilze abgießen und das Wasser abfangen. Auflaufform einfetten und den Ofen auf 200° C vorheizen. Zwiebeln und Knoblauch in Butter dünsten, Pilze dazugeben, umrühren, etwas Pilzwasser und etwas Petersilie hinzufügen. Aufkochen lassen, beiseite stellen. Mit Salz und Pfeffer würzen. Die Hälfte der Kartoffeln dachziegelartig in die Auflaufform einschichten, mit ein wenig Salz bestreuen. Milch, Sahne, den Rest des Steinpilzwassers, Eier, Semmelbrösel, Emmentaler und den Rest Petersilie zusammengeben. Kräftig mit einem Mixer verrühren. Die Masse sollte etwas dicklich sein. Einen Teil dieser Mischung über die Kartoffeln geben. Pilze auf die Kartoffeln bzw. Sauce geben und mit restlichen Kartoffeln belegen. Den Rest der Milch-Eier-Mischung über die Kartoffeln gießen. Eventuell noch einmal nachwürzen. Alufolie darübergeben und in den vorgeheizten Ofen schieben. 60 Minuten backen.

Dazu gibt es: Salat oder ein Stück vom Wild.

137

Kartoffeln mit Fischfüllung ▷

6 gleichgroße halbmehlige
Kartoffeln (600 g)
300 g Fischfilet
(z. B. Kabeljau)
150 g Bratwurstmasse
1 großes Ei
2 El gehackte gemischte
Kräuter (z. B. Petersilie,
Schnittlauch, Dill, Thymian,
Kerbel)
10 g Margarine
⅛ l Brühe

Kartoffeln schälen, Deckel abschneiden. Mit Grapefruitmesser das Innere bis auf einen Rand von gut 1 cm aushöhlen. Kartoffelreste in großen flachen Topf auf den Boden legen und die ausgehöhlten Kartoffeln daraufsetzen. Mit wenig Salz bestreuen und soviel Wasser zugießen, daß die Kartoffeln knapp bedeckt sind. Zum Kochen bringen und 8 bis 10 Minuten kochen lassen. Danach beiseite stellen. Fischfilet unter fließendem kalten Wasser waschen, mit Küchenpapier trockentupfen und zerpflücken. Bratwurstmasse mit Ei gut vermengen, dann zerpflückten Fisch und Kräuter einarbeiten.

Eine entsprechend große Ofenform mit Margarine ausstreichen. Kartoffeln aus dem Topf nehmen und mit der Masse füllen. Kartoffeln in die Form geben, heiße Brühe zugießen und das Gericht mit Alufolie bedecken.

Im vorgeheizten Backofen bei 210° C auf der mittleren Einschubleiste 20 bis 25 Minuten garen. In den letzten 10 Minuten Folie abnehmen.

Shrimps-Kartoffeln in Currysahne mit Spinat

500 g Kartoffeln, festkochend
50 g Shrimps
⅛ l Brühe
150 g Crème fraîche
½ Tl Curry
Kurkuma
weißer Pfeffer
500 g Spinat oder
1 Pckg. tiefgefrorener
Blattspinat (300 g)
1 Zwiebel
1 bis 2 El Mais-Keimöl
Salz
Pfeffer

Kartoffeln mit Schale etwa 10 Minuten vorkochen. Mit kaltem Wasser abschrecken und pellen. Dann in Abständen von etwa 1 cm keilförmige kleine Stücke herausschneiden. Shrimps in die Ausschnitte legen. Shrimps-Kartoffeln in eine gefettete Auflaufform geben. Brühe mit Crème fraîche verrühren. Mit Curry, Kurkuma und Pfeffer abschmecken. Sauce über die Shrimps-Kartoffeln verteilen und alles im vorgeheizten

Backofen bei 200° C (Gas: Stufe 3) 30 bis 45 Minuten garen. Kartoffeln ab und zu mit der Sauce übergießen. Spinat putzen, waschen und abtropfen lassen bzw. Blattspinat auftauen und abtropfen lassen.
Zwiebel in Würfel schneiden. In heißem Mais-Keimöl andünsten. Spinat und ausgeschnittene Kartoffelstücke dazugeben und etwa 5 Minuten mitdünsten. Mit Salz und Pfeffer abschmecken.

Indianer-Auflauf

500 g festkochende Kartoffeln,
roh, geschält, grob gerieben
400 g rote Indianerbohnen
(kleine Dose)
500 g Zwiebeln, feingehackt
100 g durchwachsener Speck,
in Würfel geschnitten
300 g Hackfleisch
1 Knoblauchzehe, zerdrückt
1 EL Schweineschmalz
¼ l Saft der roten Indianerbohnen
Butter zum Einfetten
1 Ei
Petersilie
Salz
Pfeffer
frisch gemahlen
Rosmarin, getrocknet oder
frisch

Ofen auf 250° C stellen. Bohnen abtropfen lassen, Saft auf-
fangen. Schweineschmalz heiß
werden lassen und Speck darin
anbraten. Zwiebeln dazugeben
und glasig dünsten. Kartoffeln,
Rosmarin, Salz und Pfeffer hinzufügen und unter ständigem
Rühren kurz anbraten, beiseite
stellen. Schweineschmalz und
Knoblauch in einer anderen
Pfanne heiß werden lassen und
das Hackfleisch schön braun
braten. Würzen und die ganze
Petersilie dazugeben, gut
durchrühren. Auflaufform einfetten und drei Viertel der Kar-
toffel-Zwiebel-Masse einfüllen.
Die roten Indianderbohnen und
dann das Hackfleisch ein-

schichten. Obenauf kommt die
restliche Kartoffelmischung.
Bohnenflüssigkeit mit Ei verrühren und über den Auflauf
geben. Im vorgeheizten Ofen
backen, bis obere Schicht
schön braun und knusprig ist.
Backzeit etwa 20 Minuten.

Abb. S. 141:
Möhren-Kartoffeln-Pfanne
(Rezept S. 152)

Zur Vollwertkost...

Für Freunde der Vollwert-Ernährung – hier im Bereich der Kartoffelküche, aber auch für alle, die sich für eine „alternative" Ernährungsform interessieren – eine kurze Definition dazu. Wir zitieren aus einer „Dar- und Klarstellung" zur Vollwert-Ernährung von Koerber und C. Leitzmann, Gießen:

... Vollwert-Ernährung ist eine überwiegend lakto-vegetabile Ernährungsform, in der Lebensmittel bevorzugt werden, die möglichst wenig verarbeitet sind. Hauptsächlich besteht sie aus Vollkornprodukten, Gemüse und Obst, Kartoffeln, Hülsenfrüchten sowie Milch und Milchprodukten. Daneben können auch geringe Mengen an Fisch, Fleisch und Eiern enthalten sein. Es wird empfohlen, die Kost schmackhaft und schonend zuzuzbereiten und etwa die Hälfte der Nahrungsmenge als unerhitzte Frischkost (Rohkost) zu verzehren. Lebensmittelzusatzstoffe sollten vermieden werden....

Sommer-Kartoffelsalat ▷

500 g Kartoffeln
4 mittelgroße Möhren
3 Zucchini
8 El Weinessig
1 Tl Senf
1 Knoblauchzehe
8 El kaltgepreßtes Walnußöl
(Reformhaus)
Meersalz

weißer Pfeffer aus der Mühle
4 Stengel glatte Petersilie oder
Basilikum

Pellkartoffeln (frisch gekocht oder vom Vortag) in nicht zu dünne Scheiben schneiden. Möhren gut bürsten oder schälen, stifteln.

Zucchini waschen und in dünne Scheiben bzw. Streifen schneiden. Aus Essig, Senf, zerdrücktem Knoblauch, Öl und Gewürzen eine Salatsauce herstellen und mit den übrigen Zutaten vermischen.
Mit Petersilie oder Basilikum garnieren.

Kartoffelsuppe

400–500 g Kartoffeln
2 mittelgroße Zwiebeln
1 Stengel Liebstöckel
1 Tl gekörnte Brühe
(Reformhaus)
weißer Pfeffer aus der Mühle
Meersalz

500–600 ml Wasser
50 g süße Sahne
1 Bund Schnittlauch

Kartoffeln und Zwiebeln
schälen, vierteln und mit Liebstöckel, gekörnter Brühe, Salz
und Pfeffer in Wasser ca.
20 Minuten kochen.
Die Masse durch den Mixer
geben und kühl stellen.
Mit Sahne abschmecken und
mit Schnittlauch bestreuen.

Kartoffel-Lauch-Suppe ▷

250 g Kartoffeln
1 Zwiebel
2 El kaltgepreßtes Sonnenblumenöl (Reformhaus)
½ l Gemüse-Hefebrühe
(Reformhaus)
½ Becher Sahne-Joghurt (75 g)
½ Tl Curry
1 Stange Porree (150 g)
30 g Grünkernschrot
(Reformhaus)
2 Stiele Majoran

Kartoffeln waschen, schälen
und in Würfel schneiden.
Zwiebel schälen und grob
hacken. Beides in 1 El Öl
andünsten. Mit Brühe auffüllen
und ca. 20 Minuten kochen,
alles pürieren.
Joghurt unterrühren, mit Curry
abschmecken.
Porree putzen, waschen, in
Ringe schneiden und im restlichen Öl ca. 5 Minuten dünsten,
dann in die Suppe geben. Grünkernschrot in der Pfanne rösten,
Majoran von den Stielen zup-
fen, die Blättchen waschen und
kleinschneiden.
Beides vor dem Servieren über
die Suppe streuen.

Kartoffeln möglichst dünn schälen. Unter der Schale liegen die wertvollen Nährstoffe der Kartoffel.

Schlesische Kartoffelsuppe

ca. 800 g Kartoffeln
300–500 g Suppengemüse
(Möhren, Porree, Sellerie)
1 ¼ l Brühe
20 g ungehärtete Reformhaus-
Pflanzenmargarine
2 mittelgroße Zwiebeln
Meersalz
Pfeffer aus der Mühle
Thymian

evtl. Majoran
1 Bund Petersilie
2 Scheiben Grahambrot
(getoastet)

Kartoffeln und Gemüse
waschen, schälen, kleinschneiden und in der Brühe 20 bis 30
Minuten garen. Danach durch
ein Haarsieb drücken oder im
Mixer pürieren. Pflanzenmargarine erhitzen und die in Würfel geschnittenen Zwiebeln
darin goldgelb dünsten.
Zu der Suppe geben und mit
Meersalz, Pfeffer, Thymian
(evtl. Majoran) abschmecken.
Mit gehackter Petersilie und
Grahamtoastwürfeln kurz vor
dem Servieren bestreuen.

Sesam-Sahnekartoffeln

▷

(Für 1 Person)

3–4 mittelgroße Pellkartoffeln
1 mittelgroße Zwiebel
10 g ungehärtete Pflanzenmargarine oder Butter
1 Tl Vollkornmehl (Reformhaus)
knapp ½ Tasse Sahne
Hefestreuwürze (Reformhaus)
Meersalz
weißer Pfeffer aus der Mühle
1 Tl Zitronensaft

1 Tl Sesam oder grob gehackte
Nüsse (Reformhaus)
Basilikumblätter

Pellkartoffeln schälen und in
Scheiben schneiden. Zwiebel
würfeln und in heißem Fett
andünsten. Das Mehl darüberstreuen und leicht anschwitzen.
Ca. 5 El Wasser und die Sahne
zugeben. Mit Hefewürze, Salz
und Pfeffer würzen und einige
Minuten durchkochen lassen.

Zitronensaft zugeben. Die
Kartoffelscheiben vorsichtig
mit der Sauce vermengen und
etwa 5 Minuten ziehen lassen.
Sesam in einer Pfanne (ohne
Fettzugabe) rösten und die
Kartoffeln damit bestreuen.
Mit Basilikumblättern garnie-
ren.

Dazu passen: leicht gedünstete
Möhrenstreifen.

Damit geschälte, rohe Kartoffeln nicht braun werden, sofort nach dem Schälen in kaltes Wasser geben.

147

Porree mit Mohnkartoffeln

(Für 1 Person)

1 Stange Porree (ca. 250 g)
10 g Butter oder ungehärtete
Pflanzenmargarine (Reform-
haus)
einige Senfkörner
1–2 El Crème fraîche
(ersatzweise flüssige Sahne)
Meersalz
schwarzer Pfeffer aus der
Mühle

2 mittelgroße Kartoffeln
10 g Butter oder ungehärtete
Pflanzenmargarine (Reform-
haus)
1 El Mohn (Reformhaus)

Lauch putzen, waschen und in
ca. 2 cm breite Ringe schneiden. In heißem Fett andünsten,
Senfkörner und Crème fraîche
oder Sahne zugeben und mit
geschlossenem Deckel ca.

10 Minuten garen. Mit Salz
und Pfeffer würzen.
Zwischenzeitlich die Kartoffeln
gut bürsten und mit der Schale
achteln. In sehr wenig Wasser
ca. 15 Minuten garen, ab-
gießen.
In zerlaufener Butter oder
Margarine schwenken und mit
Mohn bestreuen.

Kartoffeln mit Kräuterrahm

4 große (oder 8 mittelgroße)
Kartoffeln
1 Becher Crème fraîche (150 g)
4 El Quark (20 %)
Meersalz
schwarzer Pfeffer aus der
Mühle
2 El leicht angeröstete Sonnen-
blumenkerne (Reformhaus)
4–6 El frische, geschnittene
Kräuter (Dill, Petersilie,
Schnittlauch, Borretsch,
Pimpinelle u. a.)

Die Kartoffeln als Pellkartof-
feln garen, zwischenzeitlich
Crème fraîche mit Quark ver-
rühren und mit Salz und Pfeffer
abschmecken.
Die Sonnenblumenkerne und
drei Viertel der geschnittenen
Kräuter untermischen.
Die Pellkartoffeln oben mit
zwei Gabeln aufreißen und den
Kräuterrahm hineinfüllen.
Mit den restlichen frischen
Kräutern bestreuen.

Dazu paßt:
Frischkost in allen Variationen.

Der Kräuterrahm läßt sich auch
mit Paprikawürfeln, Möhrenraspeln oder Gurkenstiften anmachen.

Frische Kräuter werden in Supermärkten in kleinen Töpfchen angeboten, auch im Winter.

Gefüllte Kartoffelklöße

600 g Kartoffeln (möglichst
eine mehlige Sorte)
4–5 El Sesam (Reformhaus)
120 g Weizenvollkornmehl
(Reformhaus)
2–3 Eier
1 El Quark (20 %)
Meersalz
Muskat
weißer Pfeffer aus der Mühle

Füllung:
1–2 Zwiebeln
2 Äpfel
20 g ungehärtete Pflanzenmargarine (Reformhaus) oder
Butter
4–5 El Sesam

Meersalz
weißer Pfeffer aus der Mühle
Hefewürze (Reformhaus)
1–1½ l Gemüse-Hefebrühe
aus Extrakt (Reformhaus)
1 El geschnittener Schnittlauch
20 g Butter

Kartoffeln mit Pelle zubereiten, schälen und noch heiß durch eine Kartoffelpresse drücken. Abkühlen lassen. Sesam in der Pfanne (ohne Fett) rösten und die Hälfte zu den Kartoffeln geben. Mehl, Eier, Quark unterrühren und mit Salz, Muskat und Pfeffer abschmecken. Zwiebeln und Äpfel schälen

und in kleine Würfel schneiden. In heißem Fett einige Minuten dünsten, abkühlen lassen. Restlichen Sesam und die Gewürze zugeben. Eine Portion Kartoffelteig in der Hand leicht flachdrücken, einen gehäuften Teelöffel Zwiebel-Apfel-Mischung in die Mitte geben und einen Kloß formen.
In kochender Gemüsebrühe ca. 12 bis 15 Minuten garziehen lassen. Zerlaufene Butter und Schnittlauch über die abgetropften Klöße geben.

Dazu paßt:
ein Rohkostteller.

Kartoffelklöße mit Kräutern

500 g Pellkartoffeln
6 El (ca. 80 g) Sojamehl
(Reformhaus)
1–2 Eier (je nach Größe)
evtl. etwas Milch
2 mittelgroße Zwiebeln
20 g ungehärtetes Pflanzenfett
etwas Meersalz
Muskat

weißer Pfeffer aus der Mühle
5–7 El feingehackte frische
Kräuter

Kartoffeln schälen und fein reiben, mit Sojamehl und Eiern vermengen (Milch zurückhalten). Zwiebeln schälen, würfeln und in heißem Pflanzenfett

goldgelb dünsten. Mit den Gewürzen und den frischen Kräutern unter die Kartoffelmasse geben und alles gut verkneten. Der Teig sollte nicht zu fest, sondern locker sein. Evtl. etwas Milch zufügen. 8 Klöße formen und in mildem Salzwasser ca. 25 Minuten garen.

151

Kartoffelpfanne mit Salbei

1 kg möglichst kleine Kartoffeln (á ca. 20 g)
500 g sehr kleine Zwiebeln
(oder Schalotten)
3 El ungehärtete Pflanzenmargarine (Reformhaus)
150 g Tomatenpaprika aus dem
Glas
Meersalz
Pfeffer aus der Mühle

etwas Vollrohrzucker
(Reformhaus)
1 Bund frischer Salbei

Die Kartoffeln gut waschen, in
etwas Salzwasser bißfest garen.
Die Zwiebeln schälen und in
etwas Salzwasser ebenfalls bißfest garen. Die Margarine in
einer großen Pfanne erhitzen,

die Kartoffeln, die Zwiebeln
und die Salbeiblättchen dazugeben. Unter ständigem Rühren
alles kräftig braten. Die Tomatenpaprika abtropfen lassen, in
größere Würfel schneiden und
unter die Kartoffelpfanne ziehen.
Mit Salz, Pfeffer und Zucker
abschmecken.

Möhren-Kartoffel-Pfanne (Abb. S. 141)

400 g Kartoffeln
400 g Möhren
1 Becher saure Sahne
½ Tasse Milch
ca. 100 g vegetarische Paste
(Reformhaus)
50 g geriebener Käse
Vollmeersalz
Muskat
Hefewürze körnig

(Reformhaus)
1 Bund Petersilie (gehackt)

Kartoffeln und Möhren in der
Schale gar kochen. Schälen und
mit dem Rillenmesser in Scheiben schneiden.
Die Scheiben in eine ausgefettete Auflaufform einschichten.
Aus saurer Sahne, Milch, der

erwärmten vegetarischen Paste,
dem geriebenen Käse und den
Gewürzen eine Sauce herstellen und über das Möhren-Kar-
toffel-Gemisch geben.
Im vorgeheizten Backofen bei
220° C ca. 15 Minuten überbacken.

Die Nährwerte der Kartoffel bleiben am ehesten erhalten, wenn sie in der Schale gekocht oder
gebacken werden.

Sauerkrautpuffer

2 mittelgroße Kartoffeln
(ca. 200 g)
1 mittelgroßer Apfel
1 mittelgroße Zwiebel
250 g Frischkostsauerkraut
(Reformhaus)
1–2 Eier
2 El Weizenvollkornmehl
(Reformhaus)
Meersalz
150 g saure Sahne

1 Bund Schnittlauch
schwarzer Pfeffer aus der
Mühle
Kokosfett zum Braten

Die Kartoffeln und den Apfel
fein reiben. Die Zwiebel fein
schneiden, das Sauerkraut gut
ausdrücken und untermischen.
Eier, Vollkornmehl und Meersalz damit zu einem Teig verarbeiten. Ca. eine halbe Stunde
stehen lassen, dann in heißem
Kokosfett acht mittelgroße
Puffer braten.
Zwischenzeitlich die saure
Sahne mit geschnittenem
Schnittlauch und schwarzem
Pfeffer verrühren und zu den
Puffern servieren.

Überbackene Kartoffelpuffer

600 g Kartoffeln
2 mittelgroße Zwiebeln
2 El saure Sahne
2 Eier
70 g Weizenvollkornschrot
(Reformhaus), leicht angeröstet
Meersalz
Muskat
1 Zweig Liebstöckel
Kokosfett zum Braten
2 kleine Birnen
50 g geriebener Käse

20 g Kürbiskerne (Reformhaus)

Die Kartoffeln schälen und
mittelfein reiben. Die Zwiebeln
in feine Ringe schneiden. Saure
Sahne, Eier und Vollkornschrot
dazugeben und alles miteinander vermischen.
Mit Meersalz, Muskat und
gehacktem Liebstöckel würzen
und etwa 20 Minuten quellen
lassen.

Das Fett in der Pfanne erhitzen
und nacheinander ca. 8 mittelgroße Puffer goldgelb braten.
Die Puffer kurz auf ein Küchenpapier geben, damit das
Fett abtropfen kann.
Mit dünnen Birnenscheiben
belegen und mit Käse und
gehackten Kürbiskernen bestreuen.
Kurz im vorgeheizten Backofen überbacken.

155

Kartoffelpuffer mit Weizenkleie

800 g Kartoffeln
1 mittelgroße Zwiebel
2 Eier
1 El Weizenmehl (Type 1050)
1–2 El Weizenkleie (Reformhaus)
Meersalz
Muskat
30–40 g Kokosfett zum Braten

Kartoffeln schälen, waschen, reiben und auf einem Sieb etwas abtropfen lassen. Zwiebel ebenfalls reiben. Eier, Kleie und Mehl zugeben. Salz und Muskat unterrühren. Kokosfett in der Pfanne erhitzen, mit dem Schöpflöffel die Masse portionsweise hineinge-

ben, flachdrücken und goldgelb braten. Das Fett immer wieder erneuern.

Dazu gibt es:
Apfelmus, Kompott oder Salat.

Kartoffelnestchen

600–700 g Kartoffeln
1 Ei
⅛ l Milch
Meersalz
Muskat
2 Eier, getrennt
80–100 g geriebener Käse
Meersalz
Pfeffer aus der Mühle

Die gewaschenen Kartoffeln in der Schale kochen. Sofort pellen und durch eine vorgewärmte Kartoffelpresse geben. Mit der heißen Milch und dem Ei verrühren, mit Salz und Muskat abschmecken. Mit der Spritztüte kleine Nestchen auf ein gefettetes Backblech setzen (der Kartoffelbrei

muß steif sein). Die inzwischen aus Eigelb, geriebenem Käse und untergezogenem Eischnee hergestellte Masse mit einem Teelöffel in die Nestchen füllen.
Bei 240° C (Gas: Stufe 4 bis 5) ca. 10 bis 15 Minuten überbacken.

Vakuumverpackte oder tiefgefrorene Reibekuchen werden unaufgetaut in erhitztem Fett bei mittlerer Hitze knusprig gebacken. Tiefgefrorene Reibekuchen kann man auch nach kurzem Auftauen auf Alufolie über dem offenen Feuer grillen.

Paprika-Basilikum-Sahne mit Kartoffel-Plätzchen

(Für 1 Person)

200 g Kartoffeln
2 Zwiebeln
1 Ei
1 El Kartoffelstärke
Kräutersalz
Pfeffer
Muskat
1 El kaltgepreßtes Sonnenblumenöl (Reformhaus)
je 1 kleine rote und gelbe Paprikaschote (je 150 g)
1 El Butter
4 El Gemüse-Hefebrühe aus Extrakt (Reformhaus)
1 El Crème fraîche
2 Stiele Basilikum

Kartoffeln waschen, kochen, schälen und abkühlen lassen. Zwiebeln schälen und hacken. Kartoffeln zerdrücken, mit Zwiebelwürfeln, Ei und Kartoffelstärke vermengen. Mit Salz, Pfeffer und Muskat kräftig abschmecken. Zu kleinen Plätzchen formen und im Öl von beiden Seiten goldgelb braten. Für das Gemüse Paprika putzen, waschen und kleinschneiden. In Butter dünsten. Mit Brühe ablöschen und ca. 8 Minuten im geschlossenen Topf dünsten. Anschließend etwas einkochen lassen.

Crème fraîche unterrühren, mit Pfeffer abschmecken. Basilikum waschen, Blättchen abzupfen und bis auf zwei zum Garnieren fein schneiden und unter das Paprikagemüse heben.
Zu den Kartoffel-Plätzchen servieren. Mit den Basilikumblättchen garnieren.

Käse-Mohn-Kartoffeln

▷

800 g Kartoffeln
1 El kaltgepreßtes Sonnenblumenöl oder Mohnöl (Reformhaus)
50 g geriebener Emmentaler
schwarzer Pfeffer aus der Mühle
2 El Mohn (Reformhaus)
Hefewürze (Reformhaus)
2 El Schnittlauchröllchen

Die Kartoffeln gut bürsten und der Länge nach durchschneiden (dicke Kartoffeln in dicke Scheiben schneiden) und auf ein gefettetes Backblech setzen. Die Schnittflächen der Kartoffeln dünn mit Öl einpinseln und im vorgeheizten Backofen bei 225° C ca.15 bis 20 Minuten garen. Zwischenzeitlich Käse, Pfeffer, Mohn und Hefewürze vermischen. Auf den Schnittflächen der Kartoffeln verteilen. Bei 180° C ca. 10 Minuten überbacken. Mit Schnittlauch bestreuen. Das Rezept kann als Hauptgericht serviert werden.

Dazu paßt: ein Frischkostteller.

Tsaziki mit Backkartoffeln

2 Becher saure Sahne
2–3 El Quark (20 %)
½ Salatgurke
etwas Meersalz
3–4 Knoblauchzehen
6–8 mittelgroße Kartoffeln
1 El Sesam (Reformhaus)
1 El Kümmel
1 El kaltgepreßtes Sonnenblumenöl (Reformhaus)

Sahne und Quark verrühren.
Gurke fein hobeln (raspeln).
Knoblauch zerdrücken, hineingeben. Alles vermischen und
mit Meersalz abschmecken.
Statt Knoblauch können auch
kleingeschnittene Zwiebeln
hineingegeben werden.
Kartoffeln gut waschen und
bürsten, der Länge nach halbie-

ren. Mit der Schnittfläche in
Sesam oder Kümmel tauchen.
Auf ein gefettetes Backblech
setzen.
Die Oberseite mit Öl bepinseln
und im vorgeheizten Backofen
bei 225° C 15 bis 20 Minuten
backen.

Kartoffelsalat

ca. 400 g neue Salatkartoffeln
(gekocht)
2 mittelgroße Möhren
etwa 150 g Erbsen
(evtl. Tiefkühlware)
1–2 Schalotten

Für die Sauce:
2–3 El Leinöl oder Sonnenblumenöl (Reformhaus)
1 Eigelb
2 El herber Wein
1 Tasse Brühe oder

Hefeextrakt (Reformhaus)
Meersalz
1 Prise Zucker
schwarzer Pfeffer aus der
Mühle
evtl. 1 zerdrückte Knoblauchzehe
frischer Thymian

Kartoffeln kochen, schälen,
dann (wie auch die gekochten
Möhren) mit einem Zacken-
messer in Scheiben schneiden,

die Erbsen blanchieren, Schalotten in Ringe schneiden.
Die Saucenzutaten mit Schneebesen verquirlen und den Salat
damit anmachen.
Etwa eine halbe Stunde durchziehen lassen.

Leinöl paßt durch seinen typi-
schen Geschmack gut zu Kar-
toffelgerichten.

Bircher-Benner-Kartoffeln

600 g Kartoffeln
gemahlener Kümmel
Vollmeersalz (Reformhaus)
4 Tl Leinöl
(Reformhaus)
2 El Kümmel
Paprikapulver

Kartoffeln gut waschen, bürsten und der Länge nach durchschneiden. Die Schnittfläche mit gemahlenem Kümmel und Vollmeersalz würzen.
Mit dieser Seite auf ein gefettetes Backblech setzen, die Oberfläche mit Öl bepinseln, mit Paprikapulver und ganzem Kümmel bestreuen.
Bei 220° C (Gas: Stufe 4) ca. 20 Minuten im Backofen backen.

Dazu paßt: pikanter Quark.

Kartoffel-Fenchel-Auflauf

600–700 g Fenchel
(3 Knollen)
500 g Pellkartoffeln
¼ l Flüssigkeit (½ Fenchel-
brühe, ½ Milch)
50 g geriebener Käse
(40 % i.Tr.)
½ Tl gekörnte Brühe
(Reformhaus)
1 El Weizenmehl (Type 1050)
Vollmeersalz
1 Prise Zucker
weißer Pfeffer aus der Mühle
Muskat
1 Eigelb
20 g geriebener Käse
(40 % i.Tr.) zum Bestreuen

Fenchelknollen ca. 15 Min. dünsten.
Kartoffeln mit der Pelle kochen, etwas abkühlen lassen und schälen.
Fenchel und Pellkartoffeln in Scheiben schneiden und in eine gefettete Auflaufform einschichten.
Die Flüssigkeit zum Kochen bringen und mit Mehl und Käse binden.
Abschmecken mit Vollmeersalz, einer Prise Zucker, Pfeffer und Muskat. Etwas abkühlen lassen und mit Eigelb legieren.
Die Sauce über den Auflauf geben und mit Käse bestreuen.
Bei 200° C (Gas: Stufe 3) ca. 20 bis 30 Minuten überbacken.

Kartoffelauflauf mit Käse

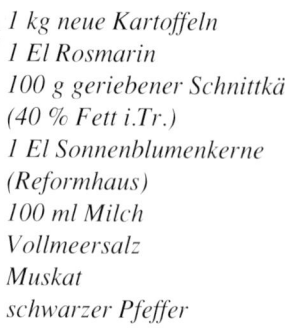

1 kg neue Kartoffeln
1 El Rosmarin
100 g geriebener Schnittkäse
(40 % Fett i.Tr.)
1 El Sonnenblumenkerne
(Reformhaus)
100 ml Milch
Vollmeersalz
Muskat
schwarzer Pfeffer
aus der Mühle
Fett für die Form

Die Kartoffeln gut bürsten, in sehr feine Scheiben schneiden, in kochendem Wasser 1 bis 2 Minuten blanchieren.
Mit den Rosmarin-Nadeln, dem Käse und den Sonnenblumenkernen vermischen und in eine flache, ausgefettete Auflaufform geben.
Die Milch mit Muskat, Salz und Pfeffer abschmecken und darübergießen.

Im vorgeheizten Backofen bei 200° C ca. 30 Minuten backen, die letzten 10 Minuten abdecken.

Kartoffelauflauf mit Pinienkernen

600 g Kartoffeln
400 g Sellerie (1 kleine Knolle)
Meersalz
schwarzer Pfeffer
aus der Mühle
Hefewürze körnig
(Reformhaus)
250 g Quark (20 %)
1 Becher Saure Sahne (150 g)
2–3 Eier
Muskat
ca. 50 g Pinienkerne
(Reformhaus)
1 Bund Petersilie

Kartoffeln und Sellerieknolle mit Schale ca. 30 Minuten (je nach Größe) garen, pellen und in dünne Scheiben schneiden.
In eine gefettete Auflaufform lose einschichten und würzen.
Aus Quark, Sahne, Eiern, Muskat und Meersalz eine Creme herstellen und diese über den Kartoffel-Selleriescheiben verteilen.
Mit Pinienkernen bestreuen.
Im vorgeheizten Backofen bis 200° C ca. 30 Minuten über-

backen. Mit frischgehackter Petersilie bestreuen.

165

Kartoffelgratin mit Frischkost-Sauerkraut

400 g Kartoffeln
1 Becher Crème fraîche (150 g)
Meersalz
schwarzer Pfeffer
aus der Mühle
Muskat
2 Stengel glatte Petersilie
1 große Zwiebel
1 El ungehärtete Pflanzenmargarine (Reformhaus)
ca. 500 g Frischkost-Sauer-
kraut (Reformhaus)
1 Apfel
einige Wacholderbeeren
1 Tasse Gemüse-Hefebrühe
(Reformhaus)
50 g geriebener Käse
(z. B. Parmesan)

Kartoffeln in wenig Wasser ca. 30 Minuten garen, etwas abkühlen lassen, schälen und in dünne Scheiben schneiden. Die Crème fraîche mit Meersalz, Muskat, Pfeffer und feingehackter Petersilie sehr gut verrühren. Die Zwiebel schälen, fein würfeln und in heißem Fett anschwitzen. Das grobgeschnittene Sauerkraut dazugeben und kurz mitdünsten. Den Apfel in feine Scheiben schneiden und mit den Wacholderbeeren zum Sauerkraut geben. Mit Gemüsebrühe angießen und bei geringer Energiezufuhr ca. 10 Minuten köcheln lassen.

Die Kartoffelscheiben und das Sauerkraut abwechselnd in einer gefetteten Auflaufform übereinanderschichten. Die Crème fraîche darübergießen und den Auflauf im vorgeheizten Backofen bei 180° C ca. 30 Minuten backen. 10 Minuten vor Ende der Garzeit mit dem Käse bestreuen.

Kartoffelpizza

▷

(Für 1 Person)

250 g Kartoffeln
4 El saure Sahne
1 Ei
75 g mittelalter Gouda
(gerieben)
Kräutersalz (Reformhaus)
Thymian
Fett für die Form
3 El Tomatenmark
(Reformhaus)

1 kleine gelbe Paprikaschote
(100 g)
50 g Champignons
30 g paprikagefüllte Oliven

Kartoffeln waschen, schälen und reiben. Mit 2 El Sahne, dem Ei und 25 g Käse verrühren. Mit Salz und Thymian würzen. In eine gefettete Pieform füllen und bei 225° C 20 Minuten vorbacken. Tomatenmark und restliche Sahne verrühren, mit Thymian würzen. Paprika putzen, waschen und in Streifen schneiden. Pilze waschen, putzen und blättrig schneiden. Oliven in Scheiben schneiden. Pizza mit dem Tomatensud bestreichen, mit dem Gemüse belegen und mit dem restlichen Käse bestreuen. Bei 200° C 20 bis 25 Minuten fertig backen.

169

Sauerkraut-Kartoffel-Auflauf

20 g Butter oder ungehärtete
Pflanzenmargarine (Reformhaus)
1 mittelgroße Zwiebel
500 g Frischkostsauerkraut
(Reformhaus)
Kümmel
4–6 Pellkartoffeln
3 Eier
200–250 ml Milch
100 g Quark (20 %)
Vollmeersalz
Muskat

Pfeffer aus der Mühle
2 mittelgroße Tomaten
50 g geriebener Käse
(z.B. mittelalter Gouda)

Fett erhitzen, die gewürfelte
Zwiebel darin andünsten.
Sauerkraut auseinanderzupfen
und zugeben. Mit Kümmel
abschmecken, kurz andünsten.
Mit den geschälten, gewürfelten Pellkartoffeln vermengen
und in eine gefettete Auflauf-

form geben. Eier, Milch und
Quark vermengen, mit Salz,
Muskat und Pfeffer ab-
schmecken und die Masse
über den Auflauf verteilen.
Mit Tomatenscheiben belegen
und mit geriebenem Käse bestreuen.
Im vorgeheizten Backofen bei
225° C ca. 25 Minuten über
backen.

Dazu paßt: Tomatensauce.

Grünkohlauflauf

500–600 g Grünkohl
1 mittelgroße Zwiebel
1 mittelgroßer Apfel
50 g Butter oder ungehärtete
Pflanzenmargarine (Reformhaus)
Meersalz
Pfeffer
400 g Kartoffeln (als Pellkartoffeln gekocht)
1 Tasse Milch
2 bis 3 Eier
Muskat
Hefewürze (Reformhaus)

Grünkohl waschen, grob
schneiden, Zwiebel und Apfel
schälen und würfeln. Alles in
heißem Fett anbraten, mit
wenig Flüssigkeit aufgießen
und 15 bis 20 Minuten dünsten.
Abkühlen lassen. Die Hälfte
des Grünkohls in eine ausgefettete Auflaufform füllen. Die
garen Kartoffeln pellen, durch
eine Kartoffelpresse auf den
Grünkohl geben. Mit dem restlichen Kohl bedecken. Milch,
Eier und Gewürze verquirlen

und auf dem Auflauf verteilen.
Im vorgeheizten Backofen bei
220° C ca. 30 Minuten überbacken. Mit Schnittlauch bestreuen.

Dazu paßt: Käsesauce.

Statt Kartoffeln läßt sich auch
Getreide (Hirse, Reis, Grünkern
oder andere) in Aufläufe einarbeiten.

Kartoffelauflauf mit Gemüsezwiebeln

1000 g Kartoffeln, festkochend
2 Gemüsezwiebeln
2 El Sonnenblumenkerne
1/4 l Milch
1/4 l Rinderbrühe
2 Eier
Meersalz
Pfeffer aus der Mühle
Muskat
2 El kernige Haferflocken
2 El Paniermehl

Kartoffeln waschen, schälen, mit Küchenkrepp trockentupfen und in dünne Scheiben schneiden. Gemüsezwiebeln schälen und in Viertelringe schneiden. Eine flache Auflaufform mit Butter einfetten und die Zwiebeln hineinlegen. Kartoffelscheiben hineinschichten. Ab und zu in den Auflauf verteilt Sonnenblumenkerne streuen. Milch, Rinderbrühe und Eier mit Salz, Pfeffer und Muskat verquirlen. Haferflocken und Paniermehl über die Kartoffeln streuen und das Milch-Gemisch eßlöffelweise darüber verteilen, so daß möglichst zwischen jede Kartoffelscheibe etwas von der Flüssigkeit dringt.

Nach Geschmack kann man während des Backens im 200° C warmen Backofen in 45 bis 60 Minuten, je nach Kartoffelsorte, einige Butterflöckchen auf den Auflauf verteilen.

Eventuell muß man nach 30 Minuten den Auflauf mit Alufolie abdecken.

Rheinischer Döppekooche (Topfkuchen)

1 altes Brötchen
1 Tasse heiße Milch
250 g durchwachsener, geräucherter Speck
1,5 kg Kartoffeln
2 geriebene Zwiebeln
1 Ei
Salz
Pfeffer aus der Mühle
Muskat
2 bis 3 Eier

Brötchen in Milch einweichen und auspressen. Speck klein gewürfelt in einem großen Topf (möglichst Gußeisen) ausbraten. Kartoffeln (vorwiegend festkochend) schälen und fein reiben. Mit Zwiebeln, Ei und dem ausgepreßten Brötchen und der Milch vermengen. Zu dem ausgebratenen Speck geben. Mehrmals umrühren und alle Zutaten gut vermischen. Mit Salz, Pfeffer und Muskat würzen. Nach Wunsch können weitere Eier hinzugefügt werden. Topf ohne Deckel in den vorgeheizten Ofen stellen und etwa 1 1/2 Stunden bei 200° C backen.

Dazu passen:
Apfelmus oder Salat.

Dieser Kartoffelkuchen ist eine köstliche rheinische Spezialität. Früher nannte man ihn die „Martinsgans des kleinen Mannes". Heute ist er, wie viele Gerichte aus Großmutters Zeiten, zur Freude vieler Feinschmecker wieder in unsere moderne Küche eingezogen.

Abb. S. 171: ▷
Folienkartoffeln mit verschiedenen Beilagen (Rezept S. 172)

Party-Spaß mit Kartoffeln in Hülle und Fülle

Folienkartoffeln mit verschiedenen Beilagen

(Abb. S. 171)

Grundrezept:
Pro Portion 2 große Kartoffeln, vorwiegend festkochend, waschen, in Alufolie einwickeln und auf dem Grillrost im Backofen 45 Minuten unter mehrmaligem Wenden garen oder im Backofen bei 220° C bis zu einer Stunde. Dann die Alufolie mit einem scharfen Messer einmal längs und einmal quer einschneiden. Die Kartoffeln von unten ein wenig auseinanderdrücken und so servieren.

Kräuterbutter:
125 g Butter, ½ Tl Salz, je 1 El Petersilie, Dill u. Kerbel, ½ Tl Zitronensaft, ¼ Tl weißer Pfeffer

Paprikabutter:
125 g Butter, 2 El flüssige Paprikawürze, 1 El Tomatenmark, 1 Tl Sardellenpaste aus der Tube, 1 Tl Zitronensaft, mit wenig Salz und 1 Spritzer Tabasco abschmecken

Außerdem *Doppelrahmfrischkäse*, in appetitliche Würfel geschnitten, evtl. mit grünem Pfeffer vermischt.

Dicke saure Sahne im Kännchen, auch aus halb süßer und halb saurer Sahne gemischt.

Frische Gurken, Tomaten und Radieschen, die man bei Tisch schneidet, würzt und so verzehrt.

Jagdwurstsalat mit Folienkartoffeln und Quark ▷

4 mittelgroße mehligkochende Kartoffeln
1 rote Paprikaschote
200 g Frühlingszwiebeln
800 g Jagdwurst (oder eine andere Brühwurst)
1 El Mayonnaise
2 El Joghurt
1 El Weinessig
1 Prise Salz und weißen Pfeffer

Kartoffeln waschen, in Alufolie einschlagen und auf einem Blech im Backofen bei 180° C etwa 35 bis 40 Minuten garen. In der Zwischenzeit die Paprikaschote entkernen, weiße Trennwände entfernen und Paprika in feine Streifen schneiden. Frühlingszwiebeln putzen und das Weiße und Hellgrüne der Zwiebeln in feine Scheibchen zerteilen. Jagdwurst zuerst in Scheiben und dann in ca. 1,5 cm große Quadrate schneiden. Mayonnaise mit Joghurt, Essig und Gewürzen verrühren. Wurst und Gemüse mit der Sauce marinieren und kurz durchziehen lassen. Magerquark mit Kräutern vermischen, würzen

und über die gegarten, aufgesprungenen Kartoffeln geben. Mit Wurstsalat servieren und mit etwas Brunnenkresse garnieren.

Für den Quark:
200 g Magerquark
2 El feingeschnittene, frische Kräuter (z. B. Petersilie, Schnittlauch, Kerbel, Estragon, Dill, Liebstöckel, Pimpinelle)
1 Prise Salz
frisch gemahlener Pfeffer
1 kleiner Bund Brunnenkresse für die Garnitur

Backkartoffel-Variationen

Immer beliebter werden die Kartoffel-Riesen, die man in Alufolie wickelt und im heißen Backofen gart. Darüber ist die gute alte Back- oder Ofenkartoffel fast in Vergessenheit geraten. Das ist eigentlich schade, denn Backkartoffeln können immer wieder anders schmecken.

Schneiden Sie dafür in jedem Fall mittelgroße bis große wohlschmeckende, vorwiegend festkochende Kartoffeln der Länge nach durch, nachdem sie vorher ordentlich geschrubbt wurden. Dann die Schnittflächen mit einer Würzmischung einstreichen, flach auf das mit Alufolie ausgekleidete Backblech legen und bei 200° C 45 bis 50 Minuten backen.

Nachstehend einige Würzmischungen, die für je 6 mittelgroße Kartoffeln reichen:

1. Etwa 1 El Rosmarin im Mörser zerstoßen und vermischt mit 1 Tl Salz, 3 El Öl, 1 Löffelspitze Knoblauchpulver und 1 Spritzer Tabasco.

2. Etwa 1 Tl Kümmel, ganz oder gemahlen, verrührt mit 3 El Butter, 1 Tl Salz und ¼ Tl weißem Pfeffer.

3. 1 große, fein geriebene Zwiebel, vermischt mit 2 El Öl, 1 El flüssiger Paprikawürze, ½ Tl Salz und 1 Löffelspitze Cayennepfeffer.

4. 2 Knoblauchzehen, geschält, mit 1 Tl Salz bestreut und fein durchgepreßt, vermischt mit 3 El Öl, 1 Tl Majoran und Thymian und ½ Tl flüssiger Selleriewürze.

5. Je 2 El geriebener Käse und Öl, vermischt mit 1 Tl Salz, 1 Tl Basilikum und ¼ Tl Sojasauce.

Was am besten zu Folien- oder Backkartoffeln schmeckt

1. Natürlich *Kräuterbutter,* für die Sie immer reichlich Estragon, Dill, Kerbel, Petersilie, Pimpinelle, Zitronenmelisse, Sauerampfer oder Spinat und Schnittlauch verwenden sollten. Sparsam beigemischt, paßt auch Basilikum, Oregano und Thymian. Möglichst viele Sorten der genannten Kräuter feingehackt mit der Butter mischen und mit Salz, Pfeffer und wenig Zitronensaft abschmecken.

2. *Quark* in vielen Zubereitungen – z. B. mit reichlich fein geriebenem Meerrettich, Sahne, Salz, Zucker und Zitronensaft abschmecken. Oder Quark mit viel geriebener Zwiebel, reichlich Paprika, Salz, etwas Worcestersauce und sehr fein geschnittenen Schinkenwürfeln mischen. Oder ganz einfach Quark mit viel Schnittlauch.

3. *Dicke saure Sahne* oder Sahne-Joghurt in die Kartoffel geben. Dazu paßt ein wenig deutscher Kaviar, fein gehackter Räucherlachs oder fein geschnittene Sardellen.

4. *Weicher Käse* aller Art. Jede streichfähige Sorte, die in der heißen Kartoffel zu schmelzen beginnt – z. B. Doppelrahmfrischkäse, Frischkäse in verschiedenen Geschmacksrichtungen, Camembert und Brie, Kräuterkäse und Liptauer Käsezubereitung.

Pommes frites, 1-2-3 *(Abwandlungen und Saucen)*

Schinken-Pommes frites
750 g TK Pommes frites
200 g gekochter Schinken
2 El geriebener Emmentaler
Salz und Paprikapulver
Pommes frites nach Packungs-
angabe bräunen. Schinken in
1–2 cm dicke Streifen schneiden, mit den Pommes frites
mischen, mit Emmentaler überstreuen und im Backofen oder
unter dem Grill überbacken.

Das Gericht mit Salz und
Paprikapulver überstreuen.

Hartwurst-Pommes frites
750 g TK Pommes frites
250 g Hartwurst
Pommes frites nach Packungs-
angabe bräunen, Hartwurst in
Scheiben schneiden und unter
die Pommes frites mischen. Im
Backofen oder unter dem Grill
3 bis 5 Minuten überbacken

(mittlere Schiene). Nach
Wunsch salzen.

Pommes frites „Spezial"
750 g TK Pommes frites
200 g deutschen Edamer
Pommes frites nach Packungs-
angabe bräunen. Käse, in
Scheiben geschnitten, darauf
verteilen und im Backofen oder
unter dem Grill etwa
5 Minuten überbacken.

Saucen-Variationen für Pommes frites

Sahne-Ketchup-Sauce
1 El Perlzwiebeln
2 Gewürzgurken
6 El Ketchup
4 El süße Sahne
Salz
Pfeffer
Paprika
Zwiebeln und Gewürzgurken
fein hacken, mit Ketchup und
Sahne gut vermischen. Mit
Salz, Pfeffer und Paprika
abschmecken.

Bunte Mayonnaise
1 hartgekochtes Ei
1 Bund Radieschen
1 El Schnittlauch
1 Tasse Mayonnaise
Salz und Pfeffer
Zitronensaft
Ei pellen und grob zerdrücken.
Radieschen fein zerschneiden.
Beides mit Schnittlauch unter
die Mayonnaise mischen. Mit
Salz und Pfeffer und Zitronensaft abschmecken.

Zigeuner-Sauce
6 El Tomaten-Ketchup
2 El Senf
4 El süße Sahne
1 Tl Sardellenpaste
1 Zwiebel
2 Tl Schnittlauch und Petersilie
1 Tl Paprikapulver
Salz
Pfeffer
Zutaten mit Salz und Pfeffer
abschmecken und alles miteinander im Mixer verquirlen.

Frühkartoffeln mit Quarkmischungen

Gemüse-Quark

500 g Speisequark (20 %) mit ¼ l saurem Rahm, je 1 El Kräutersenf, Tomatenmark, edelsüßem Paprikapulver und 2 El Schlagsahne cremig rühren. Mit je ½ Tl Salz und Pfeffer abschmecken.
1 große Zwiebel, 4 kleine saure oder frische Salatgurken, 2 Tomaten, 1 Bund Radieschen feinwürfeln und 1 Bund Schnittlauch klein schneiden und unter die Quarkmasse heben. Vor dem Servieren nochmals abschmecken.

Liptauer Quark

1 Zwiebel schälen, fein hacken und mit 1 El gehackten Kapern in eine Schüssel geben. Von einem reifen Camembert Rinde entfernen, durch ein Sieb in die Schüssel streichen. 3 El weiche Butter und 250 g Speisequark (20 %) dazugeben und alles kräftig miteinander verrühren. Mit Salz, Pfeffer und 1 Tl scharfem Senf abschmecken. Kühl stellen. Vor dem Servieren mit Paprikapulver bestreuen.

Gurken-Quark

1 Salatgurke schälen, halbieren und die Kerne entfernen. Das Fruchtfleisch in etwa 1 cm dicke Streifen schneiden. 250 g Speisequark (20 %) mit ⅛ l Buttermilch cremig rühren, mit Salz, weißem Pfeffer und edelsüßem Paprika abschmecken. 1 El Zitronensaft und 2–3 zerdrückte Knoblauchzehen unterheben, je 1 El gehackte Petersilie, Dill und Schnittlauch hinzufügen, Gurkenstreifen in die Quarkmasse geben und zugedeckt etwa eine Stunde kaltstellen. Vor dem Servieren nochmals abschmecken.

Kräuterquark

500 g Speisequark (20 %) mit ½ Tasse Milch und ½ Tasse Sahne cremig rühren.
6 El frische feingehackte Kräuter wie Petersilie, Schnittlauch, Dill, Kresse, Kerbel, Sauerampfer, Pimpinelle etc. dazugeben und mit Salz, Pfeffer, einer Prise Cayennepfeffer und etwas Zitronensaft abschmecken.

Raclette-Variation

750 g mittelgroße Kartoffeln (8 Kartoffeln), vorwiegend festkochend, gekocht in der Schale
150 g gekochter Schinken oder 16 Rädchen Fleischwurst
250 g Tilsiter Käse
Butter zum Einfetten
Salz, Pfeffer (frisch gemahlen)
Paprika

Kartoffeln pellen und in zwei Hälften schneiden. Flache Auflaufform mit Butter einfetten. Alle 16 Kartoffelhälften in die Form setzen. Jede Kartoffelhälfte mit Schinken oder mit Wurst belegen. Dann darauf ein gleichgroßes Stück Tilsiter Käse geben. Mit Paprika, gemahlenem Pfeffer und Salz würzen. Auflaufform in den vorgeheizten Ofen schieben und so lange backen, bis der Käse geschmolzen ist.
Der Käse darf nicht braun werden. Backzeit: 10 Minuten bei 200° C.

Dazu gibt es:
Mixes Pickles oder Salat.

Drei Käse-Saucen für Pellkartoffel-Freunde ▷

Sahne-Sauce
20 g Margarine
25 g Mehl
¼ l Würfelbrühe
⅛ l Weißwein
2 Ecken Sahneschmelzkäse
Salz
1 Prise Zucker

Tomaten-Sauce
20 g Margarine
25 g Mehl
⅜ l Würfelbrühe
2 Ecken Paprikaschmelzkäse

Salz
1 Prise Zucker
Paprikapulver
2 El Tomatenketchup

Kräuter-Sauce
20 g Margarine
25 g Mehl
⅜ l Würfelbrühe
2 Ecken Kräuterschmelzkäse
Salz
Pfeffer
gemischte gehackte Kräuter
oder ½ Packung TK 8 Kräuter

Aus Margarine, Mehl und Brühe bzw. Brühe und Wein eine helle Grundsauce bereiten. Den Schmelzkäse zufügen und unter ständigem Rühren schmelzen lassen.
Mit Gewürzen und Kräutern je nach gewünschter Sauce abschmecken.
Zu Pellkartoffeln reichen.

Kartoffeln im Mantel

16 kleine festkochende Kartoffeln (die Kartoffeln sollten nicht größer als ein Ei sein), roh, geschält
16 dünne Scheiben durchwachsener Speck (vom Metzger geschnitten)
3 EL Butter
Salz und Pfeffer

Ofen auf 180 Grad stellen. Die Kartoffeln waschen und kurz im Salzwasser aufkochen, abgießen und mit einem Tuch trocknen. Butter in der Pfanne erhitzen, Kartoffeln dazugeben und von allen Seiten anbraten. Kartoffeln beiseite stellen und abkühlen lassen. Jede Kartoffel in eine Scheibe Speck ein-

wickeln und in eine gefettete Auflaufform legen. Form in den vorgeheizten Backofen schieben und ca. 10 Minuten garen.
Entweder in der Form servieren oder aber „Kartoffeln im Mantel" herausnehmen und auf eine vorgewärmte Servierplatte legen.

Kartoffel-Fondue

1 kg kleine bis sehr kleine Kartoffeln (Durchmesser nicht mehr als 3 bis 4 cm)
½ l Öl
1 große Zwiebel, fein gerieben
1 El Oregano
7 El Weinessig
Cayennepfeffer
Salz

Entweder nimmt man kleine, neue, ungeschälte, aber gut gebürstete Kartoffeln oder kleine, alte, geschälte Kartoffeln. Kartoffeln kochen, abgießen und trocken reiben. Öl, Essig, Zwiebeln und Gewürze mischen und in einen Fonduetopf schütten. Sauce erhitzen, jedoch nicht kochen lassen. Kartoffeln wie Fleisch behandeln: Mit einer Fonduegabel Kartoffeln so lange in die Sauce tauchen, bis die Kartoffeln knusprig sind. Kartoffeln herausnehmen und dazu verschiedene Saucen servieren. *Dazu paßt:* Salat.

Saucen für Kartoffel-Fondue

Weiße Sauce
2 El Magerquark
2 El saure Sahne
1 El Joghurt
je einen El Schnittlauch, Dill, Kresse, Salz, Pfeffer und Paprika sowie ½ geriebene Zwiebel.
Kräuter klein hacken. Quark, saure Sahne, Joghurt, Salz, Pfeffer und Paprika mit dem Mixer zu einer sämigen Sauce rühren. Kräuter hinzufügen und gut verrühren, Zwiebel zuletzt unterziehen.

Rote Sauce
2 El Mayonnaise
2 El saure Sahne
2 El Tomatenmark
1 Tl rote Pepperoni (je mehr Pepperoni, desto schärfer)
Salz, Paprika
Pepperoni von Strunk und Kernen befreien. Schote in ganz kleine Würfelchen schneiden. Mayonnaise, saure Sahne, Tomatenmark, Pepperoni, Salz und Paprika mit dem Mixer zu einer sämigen Sauce verrühren.

Gelbe Sauce
2 El Mayonnaise
2 El saure Sahne
1 Banane
½ Tl Curry
abgeriebene Schale einer halben Zitrone
Schuß Zitronensaft
1 Prise Salz
Banane mit der Gabel zu Mus zerdrücken. Mayonnaise, saure Sahne, Bananenmus, Curry, abgeriebene Zitronenschale und -saft sowie Salz mit dem Mixer zu einer sämigen Sauce verrühren.

Grüne Sauce
2 El Mayonnaise
2 El saure Sahne
1 Avokado
1 El Dill, Salz und Pfeffer
Avokadofleisch mit der Gabel zu Mus zerdrücken. Mayonnaise, saure Sahne, Avokado-Mus, Dill, Salz und Pfeffer mit dem Mixer zu einer sämigen Sauce schlagen.

Kartoffel-Mayonnaise
200 g Kartoffeln, geschält, gekocht und zerdrückt
7 El Öl
3 El Weinessig
10 El lauwarmes Wasser
je 1 Tl Salz und 1 Tl Senf
1 Eigelb
Alle Zutaten verrühren und mit dem Mixer zu einer sämigen Sauce verarbeiten.

Gefüllte Kartoffeln

12 mittelgroße Kartoffeln
¾ l Fleischbrühe
300 g Rinderhackfleisch
feingehacktes Kartoffelinneres
1 feingewürfelte Zwiebel
Pfeffer, Salz und Muskat
flüssige Speisewürze

Kartoffeln (festkochend)
schälen, waschen und etwas
aushöhlen, in eine feuerfeste
Form setzen und mit Fleischbrühe angießen. 15 Minuten
garen lassen. Aus Hackfleisch,
feingehacktem Kartoffelinnern,

Zwiebel, Pfeffer, Salz und
Muskat sowie flüssiger Speisewürze einen Fleischteig herstellen und die Kartoffeln damit
füllen. Das Ganze noch einmal
30 Minuten backen.

Kartoffelschiffchen

4 Kartoffeln
2 Eigelb
60 g Butter
125 g gewürfelter Allgäuer
Emmentaler
200 g feingehackte
Champignons
zerdrückte Kartoffel
½ Tl Majoran
etwas Salz, Pfeffer, Muskat
1 El gehackte, gemischte Kräuter
4 El Crème fraîche
2 Eiweiß
8 Scheiben Frühstücksspeck

Kartoffeln gut säubern, mit Schale in Folie im Backofen etwa 50 Minuten backen. Anschließend halbieren und so aushöhlen, daß nur noch eine dünne Schicht in der Schale bestehen bleibt. Eigelb mit Butter schaumig rühren, weitere Zutaten – bis auf Eiweiß – unter die Eigelb-Butter-Mischung rühren, Eiweiß schlagen und vorsichtig untermischen. Diese Masse zurück in die Kartoffelhälften füllen.

Auf jede Hälfte eine der Frühstücksspeck-Scheiben legen, mit einem Holzstäbchen feststecken und die Kartoffelschiffchen bei 200° C nochmals ca. 20 Minuten backen.

Kartoffeln am Spieß

1 kg mittelgroße Kartoffeln
Salz
schwarzer Pfeffer
750 g große Zwiebeln
würzflüssiger Kümmel
250 g magerer Räucherspeck
Edelsüßpaprika
1–2 El Butter

Kartoffeln (vorwiegend festkochend) waschen, ungeschält in fingerdicke Scheiben schneiden und auf Küchenkrepp abtrocknen. Auf der Arbeitsfläche nebeneinanderlegen und mit wenig Salz und Pfeffer bestreuen und einreiben. Zwiebeln schälen, in 2 mm dicke Scheiben schneiden und auch nebeneinander auslegen. Mit Kümmelwürze betropfen und einreiben. Räucherspeck in etwa ebenso dicke Scheiben schneiden wie die Zwiebeln und mit reichlich Paprika einreiben. Alle so nur von einer Seite

gewürzten Zutaten 10 Minuten durchziehen lassen. Dann abwechselnd auf Spieße reihen und dabei Endstücke der Kartoffeln immer an Anfang und Ende aufspießen. Für jeden Spieß ein passendes Stück Alufolie von der Rolle reißen. In der Mitte mit Butter einpinseln. Die Spieße drauflegen, wie Würste einwickeln und an den Enden zudrehen. Auf den Bratrost legen und bei 220° C in den vorgeheizten Backofen geben.
30 Minuten backen, dann in Alupäckchen servieren.

Kartoffeln mit Käse-Schinken-Füllung

4 große Kartoffeln
100 g kleingeschnittener Schinkenspeck
2 große gewürfelte Zwiebeln
125 g Allgäuer Emmentaler
4 El süße Sahne
1 El Schnittlauch
Salz
Pfeffer

Kartoffeln gut waschen, in der Schale in einem Topf oder im Backofen in Folie garen. Kartoffeln sind gar, wenn man mit dem Finger daraufdrückt und sie gut nachgeben. Dann kreuzweise einschneiden und auseinanderdrücken. In die entstandene Öffnung folgende Füllung geben:

Schinkenspeck mit Zwiebeln anbraten. Dann von der Kochstelle nehmen, mit Käse, süßer Sahne und Schnittlauch vermischen.
Mit Salz und Pfeffer würzen und diese Masse in die Mitte der Kartoffeln füllen und im Backofen bei 200° C noch 5 Minuten überbacken.

Kartoffeln mit Schuß

750 g große Kartoffeln
(4 große Kartoffeln), vorwiegend festkochend, gut sauber gebürstet
1 Dose Thunfisch in Öl
2 El Mehl
2 El Butter
½ l Milch
1 Eigelb
200 g Allgäuer Emmentaler, gerieben
Salz
frisch gemahlener Pfeffer

Ofen auf 200° C stellen. Kartoffeln 15 Minuten in Salzwasser kochen. Herausnehmen, mit einem Handtuch trocken reiben und in den vorgeheizten Ofen legen. Kartoffeln etwa 30 Minuten backen, bis sie gar sind. In der Zwischenzeit aus Butter, Mehl und Milch eine Bechamelsauce herstellen. Mit Salz und Pfeffer abschmecken. Das Eigelb untermischen und nach und nach den geriebenen

Käse. Beiseite stellen. Thunfisch aus der Dose im eigenen Öl heiß werden lassen.
In 4 Portionen aufteilen. Kartoffeln aufschlitzen und weit öffnen. Auf jede Kartoffel eine Portion Thunfisch geben und mit der heißen Käsesauce großzügig übergießen.

Dazu paßt: gemischter Salat.

Das Kartoffelwasser von geschälten, gekochten Kartoffeln sollte möglichst immer weiter verwendet werden, denn es ist eine geschmackliche Bereicherung für jede Suppe und Sauce. Die im Kartoffelwasser enthaltene Stärke ist darüber hinaus noch ein gutes Bindemittel.

Schmelzkäse-Kartoffeln

4 große neue Kartoffeln
(ca. 375 g)
Salz
125 g Schmelzkäse
reichlich Kräuter
1 Ei
Salz, Muskat
50 g Jagdwurst

Kartoffeln gut waschen und über Kreuz einschneiden. Eine kleine Fläche eines Backbleches dick mit Salz bestreuen, die Kartoffeln darauf setzen und im vorgeheizten Ofen – 250° C E-Herd, Stufe 5–6 G-Herd – ca. 40 Minuten backen. Inzwischen Schmelzkäse mit Kräutern und Ei glattrühren und mit Salz und Muskat abschmecken.

Jagdwurst fein würfeln und unter die Masse geben. Die gebackenen Kartoffeln gut aushöhlen, die Kartoffelmasse mit der Gabel oder dem Passierstab des Handrührgerätes zerdrücken und unter die Käsemasse rühren; mit einem Spritzbeutel (Lochtülle) wieder in die Kartoffeln spritzen und noch ca. 10 Minuten überbacken.

Schmelzkäse-Burger

500 g Kartoffeln, vorwiegend festkochend, geschält, gekocht, zerdrückt und warmgestellt oder 2 Portionen Kartoffelpüree-Fertigprodukt
250 g Mehl
70 g Butter
4 El saure Sahne
Salz
7 El Öl
Butter zum Einfetten
Für die Füllung:
500 g Hackfleisch, halb und halb
12 Scheiben Schmelzkäse oder
175 g fetter Edelpilzkäse
Salz und Pfeffer

Ofen auf 200° C stellen. In den heißen Kartoffelbrei die Butter so lange einrühren, bis sie ganz geschmolzen ist. Saure Sahne unterziehen. Mehl und Salz hinzufügen. Teig gut durchkneten und dünn ausrollen. Mit einem Ausstecher oder mit einem Wasserglas 24 gleichmäßige Scheiben ausstechen. Alle 24 Scheiben von beiden Seiten goldgelb braten. Hackfleisch mit Salz und Pfeffer würzen. 12 flache Hackfleischbällchen formen. Sie müssen so groß oder etwas kleiner als die Teigscheiben sein.

Hackfleischscheiben von beiden Seiten kurz anbraten. Großes Backblech einfetten. 12 Kartoffelplätzchen auf das Blech legen, darauf Hackfleisch und die Schmelzkäsescheiben oder den zerbröckelten Edelpilzkäse verteilen. Mit den restlichen Teigplätzchen „Burger" zudecken. Im vorgeheizten Ofen einige Minuten backen, bis der Käse geschmolzen ist.

Gebackene Kartoffelfächer

1 kg Kartoffeln
Butter
Salz
Pfeffer oder Kümmel
flüssige Butter
50–100 g geriebener Käse

Kartoffeln (vorwiegend festkochend) schälen und in dünne Scheiben so tief einschneiden, daß sie an der Breitseite noch zusammenhalten und nicht durchgeschnitten sind. Eine, flache feuerfeste Form mit Butter einfetten, Kartoffeln dicht aneinander hineinsetzen. Mit Salz, Pfeffer oder Kümmel bestreuen und mit flüssiger Butter beträufeln. Bei 200° C in den vorgeheizten Backofen geben und etwa 30 Minuten backen. Dann mit Käse bestreuen und noch weitere 5 bis 10 Minuten in den Ofen geben.

Kartoffelpuffer-Party

▷

Kartoffelpuffer backen ist heute einfach, zeitsparend und mühelos. Puffer werden vorgebacken und vakuumverpackt oder tiefgefroren angeboten. Aber auch aus Reibekuchenpulver, das nur noch in Waser quellen muß, sind sie schnell und einfach herzustellen. Eine besondere Überraschung für Familie und Gäste ist daher eine „Pufferparty". Eine Schüssel mit Pufferteig, Öl zum

Backen und als Beigabe pikante und süße Saucen, frische Salate, geriebener Käse, Preiselbeeren und Apfelmus – das ist alles, was man benötigt.

Und hier das Rezept:
1 (oder mehrere) Pckg. Reibekuchenpulver
Öl zum Backen

Reibekuchenpulver in kaltes Wasser einrühren.

Nehmen Sie genau die auf der Packung angegebene Flüssigkeitsmenge. 10 Minuten quellen lassen.
In sehr heißes Fett geben. Die Puffer erst wenden, wenn sich ein brauner Rand gebildet hat. Die gebackenen Puffer kurz auf einen Rost legen, damit das überflüssige Fett abtropfen kann, ohne daß der Puffer seine knusprige Kruste verliert.

Cocktail-Bällchen

500 g Kartoffeln, vorwiegend festkochend, geschält und gekocht (oder 2 Portionen Kartoffelpüree-Fertigprodukt)
Kartoffelwasser abfangen und aufheben
2 El Butter
1 El Zitronensaft
1 El Petersilie, klein gehackt
200 g Krabben, geschält
2 Eier, geschlagen
100 g Allgäuer Emmentaler, gerieben
75 g Semmelbrösel
Öl zum Fritieren
Salz
frisch gemahlener Pfeffer

Abgegossene Kartoffeln im Topf belassen und kurz unter ständigem Rühren dünsten. Sie sollen ganz trocken werden. Kartoffeln zu Brei stampfen. Butter, Emmentaler, Zitronensaft und Petersilie unterrühren und gut mischen. Krabben mit Küchenpapier trocknen und dann 2 El Ei dazugeben. Krabben zu dem Kartoffelbrei geben. Mit Salz und Pfeffer abschmecken. Kartoffel-Krabben-Mischung nicht zugedeckt in den Kühlschrank stellen. Anhand eines Teelöffels den Brei herausstechen und zu kleinen Bällchen formen. Auf zwei Teller restliche Eier und Semmelbrösel verteilen. Bällchen zuerst in Ei, dann in Semmelbrösel wälzen. Öl heiß werden lassen. Bällchen vorsichtig nebeneinander in die Friteuse legen und Bällchen bei siedendem Fett 3 bis 4 Minuten goldbraun fritieren.

Dazu gibt es:
Tomatensauce.

Aufgeblähte Kartoffeln

1 kg längliche Kartoffeln
1 l Fett (Öl oder 800 g Kokos-
fett)
Salz

Die Kartoffeln schälen und waschen. In etwa 3 mm dicke Scheiben schneiden und auf Haushaltspapier trocknen. Fett im Fritiertopf auf 190° C erhitzen und die Kartoffelscheiben in Portionen hineingeben. Nach etwa 2 Minuten schwimmen sie oben. Kartoffelscheiben herausnehmen, auf Haushaltspapier abtropfen lassen.

Wenn alle Kartoffeln so vorgebacken sind, alle zusammen im Fritierkorb in das noch 190° C heiße Fett geben. Im Fritierkorb hin und wieder schwenken. Nach etwa 3 Minuten sind die Kartoffeln goldgelb und haben sich aufgebläht. Abtropfen und auf Haushaltspapier trocknen lassen. Salzen und sofort servieren.

Kartoffel-Chips

▷

1 kg Kartoffeln
1 l Fett (Öl oder Kokosfett)
Salz
Paprika zum Bestreuen

Kartoffeln schälen, waschen und in hauchdünne Scheiben schneiden. Auf Haushaltspapier trockentupfen. Karoffelscheiben portioniert in das auf 160° C erhitzte Fett geben. In etwa 2 Minuten sind sie – hellgelb – vorgebacken. Portionen herausnehmen. Auf einem mit Haushaltspapier belegtem Backblech abtropfen lassen. Wenn alle Chips vorgebacken sind, Fritierfett auf 180° C erhitzen. Chips erneut in Por-

tionen ins heiße Fett geben. In etwa 3 Minuten goldbraun werden lassen. Die knusprigen Chips mit dem Schaumlöffel herausnehmen und abtropfen lassen. In vorgewärmter Schüssel oder im Backofen warmhalten bis alle Chips fritiert sind. Dann erst salzen, dabei schütteln, daß alle gleichmäßig gewürzt werden. Zuletzt mit Paprika bestreuen. Sofort servieren.

Kartoffel-Tikke

400 g Kartoffeln, vorwiegend
festkochend, geschält, gekocht
und zerdrückt oder 2 Portionen
Fertig-Kartoffelbrei
1 Zwiebel, fein gehackt
150 g Semmelbrösel
1–2 Pepperoni, frisch oder ein-
gelegt, ganz klein gehackt
500 g Fett zum Fritieren
2 Eier, etwas geschlagen
1 Tl Salz
1 Tl Kreuzkümmel (Cumin)

Pepperoni, Zwiebel, Kartoffelbrei, Salz und Kreuzkümmel
mit 6 El Semmelbrösel
mischen. Abschmecken. Die
Peperoni-Menge bestimmt die
Würzung der Masse. Aus-
kühlen lassen. Etwa 35 kleine
Party-Bällchen oder kleine
Klopse formen. Fett in einem
Topf heiß werden lassen. Bällchen zuerst in geschlagenem Ei
und dann in Semmelbrösel wälzen und in siedendem Fett ausbacken.

Dazu gibt es:
Rote, eingelegte Paprika und
Perlzwiebeln (mit Partysticks
servieren).

Wenn die Bällchen zerfallen, ist
das Fett nicht heiß genug.

Abb. S. 195:
Westfälische Kartoffelpuffer
vom Blech (Rezept S. 208)

Kartoffel-Spezialitäten
aus aller Welt

195

Irisches Nationalgericht: Champ (Irland)

1 kg Kartoffeln, vorwiegend
festkochend
1 Topf mit Salzwasser
½ l Milch
2 Bund Schnittlauch,
klein geschnitten
100 g Butter
Salz
frisch gemahlener Pfeffer

Kartoffeln in Salzwasser
kochen, abgießen (Wasser
abfangen) und zerstampfen.
Milch zum Kochen bringen
und Schnittlauch hinzufügen.
Kartoffeln mit Butter verrühren, Milch und Schnittlauch
dazugeben, mit Salz und Pfeffer abschmecken und unter
ständigem Rühren heiß werden
lassen. Sofort anrichten.
Variation: Champ mit geröste-
tem Speck oder Schinkenwürfeln bestreuen.

Dazu gibt es:
Koteletts mit Apfelsauce oder
Lammkoteletts mit Minzsauce.
Kartoffelwasser für die Sauce
weiterverwenden.

Die Iren sagen, Champ wird
nur gut, wenn alte Kartoffeln
verwendet werden.

Ottawa-Suppe (Kanada)

(Für 6 Personen)

400 g Kartoffeln, vorwiegend
festkochend, roh, geschält und
in Scheiben geschnitten
1 große Dose geschälte
Tomaten (800 g)
4 Zwiebeln, in Scheiben
geschnitten
1½ El Butter
2 El Zucker
1 l kochendes Wasser
2 El Petersilie
Schuß Worcestersauce
¼ l Sahne, leicht geschlagen

2 El Brunnenkresse
Paprikapulver
Salz

Zwiebeln in Butter goldgelb
dünsten, mehrmals umrühren
und bei geschlossenem Topf
ca. eine halbe Stunde köcheln
lassen. Tomaten, Zucker, Salz
und Paprikapulver hinzufügen.
Zugedeckt noch weitere 20
Minuten garen lassen. Kartoffeln und kochendes Wasser
dazugeben und so lange kochen
lassen, bis die Kartoffeln ganz

weich sind. Brühe abgießen
und beiseite stellen. Kartoffel-
Tomaten-Zwiebelmasse durch
ein Sieb schlagen oder mit dem
Mixer pürieren. Brühe und Brei
gut verrühren und noch einmal
aufkochen lassen.
Mit Petersilie, Brunnenkresse
und Worcestersauce abschmekken. Tomatensuppe in Tassen
füllen und mit einem Klecks
Sahne servieren.

Kartoffelsuppe französische Art (Frankreich)

1 Dose feine Erbsen (210 ml)
1 l Flüssigkeit
1 Pckg. Kartoffelsuppe
(4 Portionen)
80 g gekochter Schinken,
in Würfel geschnitten
frisch gemahlener Pfeffer

Erbsen auf einem Sieb abtropfen lassen, Erbsenwasser mit Wasser zu 1 l Flüssigkeit ergänzen und aufkochen. Darin die Packung Kartoffelsuppe nach Vorschrift zubereiten. Erbsen und Schinken dazugeben und nochmals kurz aufkochen. Mit Pfeffer abschmecken und servieren.

Warmer Salat *(Portugal)*

500 g Kartoffeln, festkochend, gekocht in der Schale, gepellt und in kleine Würfel geschnitten (im Wasserbad warmgehalten)
400 g Zucchini
1 Tl scharfer Senf
1 Tl Weinessig
6 El Öl
1 Knoblauchzehe
1 El Petersilie, klein gehackt
1 Tl getrockneter Oregano
Salz
frisch gemahlener Pfeffer

Zucchini waschen, Enden abschneiden und im kochenden Wasser garen. Zucchini sollten noch knackig sein. Herausnehmen und in kleine Würfel schneiden. Beiseite stellen und warm halten.
Vinaigrette herstellen: Senf, Weinessig, Salz, Pfeffer, Öl, Knoblauchzehe, Petersilie und Oregano gut vermischen. Zucchini und Kartoffeln kräftig untermischen und sofort servieren.

TIP

Diesen Salat kann man auch kalt servieren. Man sollte ihn aber auf keinen Fall länger ziehen lassen.

Nah-oatli-Eintopf *(Peru)*

(Für 6 Personen)

500 g kleine Kartoffeln, vorwiegend festkochend, in der Schale gekocht (die Kartoffeln sollten nicht größer als ein Ei sein)
500 g Kalbfleisch (Nuß), in Streifen geschnitten
2 Zwiebeln, in kleine Würfel geschnitten
100 g durchwachsener Speck, in kleine Würfel geschnitten
250 g frische Egerlinge oder Champignons
1 kleine Dose rote Indianerbohnen (400 g)

1 Dose Mais (340 g)
2 Knoblauchzehen, durchgepreßt
2 Tl Tomatenmark
¼ Tl Salbei, möglichst frisch
1 Tl Butter
etwas Fleischbrühe
Salz
Cayennepfeffer
Pfeffer

Kartoffeln pellen und in Viertel schneiden, beiseite stellen. Speck und Zwiebeln in Butter dünsten. Das in Streifen geschnittene Fleisch, Knoblauchzehen und Salbei dazugeben und gut durchbraten. Sobald obige Zutaten fast gar sind, Mais, Indianerbohnen, Tomatenmark und Kartoffeln dazugeben. Mit etwas Fleischbrühe aufgießen und mit Cayennepfeffer, Salz und Pfeffer abschmecken. Ca. 10 Minuten auf kleiner Flamme kochen lassen. Kurz vor dem Servieren die klein geschnittenen Pilze dazugeben, umrühren, kurz durchziehen lassen und anrichten.

Dazu gibt es:
frisches Brot.

Labskaus mal anders *(Deutschland)*

1 Pckg. Kartoffelpüree
(für 4 Portionen)
Milch
Salz
Butter
2 Rote Bete aus dem Glas
1 kleine gekochte Sellerieknolle
oder 1 Glas Selleriescheiben
3 Äpfel
1 große Gewürzgurke
400 g Fleischwurst
3–4 Matjes-Filets
3 hartgekochte Eier

Kartoffelpüree nach Vorschrift
mit Wasser, Milch, Salz und
Butter zubereiten.
Rote Bete, Sellerie, Äpfel,
Gewürzgurke und Fleischwurst
oder Bratenreste sehr klein
würfeln und mit dem noch warmen Püree vermischen.
Matjes-Filets in schmale Streifen schneiden oder ebenfalls
würfeln und daruntermischen.
Kurz durchziehen lassen.
Mit hartgekochten Eiern – hal-
biert oder geviertelt – garnieren.

Dazu reicht man:
Gebuttertes Roggenbrot.

Reste von Kartoffelpüree lassen sich sehr gut zum Einschichten für Aufläufe verwenden. Mit Gemüse- und Fleischresten können Sie schnell
leckere und preiswerte Gerichte
herstellen. Außerdem kann
man Reste sehr gut zum
Andicken von Suppen verwenden.

Leineweber *(Deutschland)*

600 g Kartoffeln (vorwiegend
festkochend), gekocht in der
Schale, möglichst schon am
Vortag
100 g durchwachsener,
geräucherter Speck, in kleine
Würfel geschnitten
4 kleine Zwiebeln, in hauchdünne Scheiben geschnitten
4 El Butter
4 El Öl
¼ l Milch
1 Ei
200 g Mehl
Salz
Pfeffer

Mehl in eine Schüssel sieben,
das Ei hinzufügen und mit
Milch verdünnen. Mit Salz und
Pfeffer würzen. Es muß ein
geschmeidiger Pfannkuchen-
teig entstehen.
Kartoffeln abpellen und in
Scheiben schneiden.
In einer Pfanne je ein El Öl und
Butter heiß werden lassen.
Speck dazugeben und etwas
anbraten.
Zwiebelscheibchen und Kartof-
felscheiben einschichten.
Mit einem Suppenlöffel
(Schöpflöffel), Teig aus der

Schüssel nehmen und über die
Speckkartoffeln gießen. Eine
Seite braun werden lassen und
mit dem Deckel umdrehen, so
daß die andere Seite auch noch
braun werden kann.

Dazu gibt es: Salat.

Queen's Filet (England)

750 g Kartoffeln, vorwiegend
festkochend, roh, geschält und
in kleine Würfel geschnitten
2 El Butter
4 El Öl
1 Knoblauchzehe
4 Filetsteaks
1 Tl scharfer Senf

Sauce:
200 g frische Champignons
1 Zwiebel, klein geschnitten
1 El Mehl
2 El Butter
¼ l Wasser
1 Tl Instant Klare Hühnerbrühe
1 Tl Tomatenmark
1 El möglichst frischer Kerbel
1 El frischer Estragon
1 Glas Weißwein
Salz
Pfeffer, frisch gemahlen

1 El Butter und 2 El Öl in der
Pfanne erhitzen. Kartoffeln,
Knoblauch dazugeben und mit
Salz und Pfeffer würzen.
Kartoffeln so lange braten, bis
sie gar und knusprig sind, beiseite stellen, warm halten.
Zwiebeln in 1 El Öl glasig dünsten, Champignons hinzufügen
und mit Salz und Pfeffer
abschmecken, beiseite stellen.
Butter in einem Topf heiß werden lassen, Mehl und Hühnerbrühe einrühren und unter ständigem Rühren Wasser hinzufügen. Wenn die Sauce ganz glatt
ist, Tomatenmark, Kerbel,
Estragon hinzufügen. Mit Wein
und evtl. Salz abschmecken.
Heiße Champignonmasse vorsichtig unterziehen. Filet mit
Senf und frisch gemahlenem
Pfeffer einreiben. Filet in je

einem El Butter und Öl nach
Wunsch braten: „Well done"
oder durchgebraten bedeutet
außen gebräunt, innen durchgebraten – pro Seite 5 Minuten
bei mittlerer Hitze. „Medium"
oder halbrosa bedeutet, daß in
der Mitte ein schmaler rosa
Streifen bleibt – pro Seite rechnet man 4 Minuten „Raw" oder
blau, d. h. außen kräftig ange-
braten und innen ganz roh
erfordert eine Bratzeit von
1 Minute pro Seite bei starker
Hitze. Etwas Salz darüber
streuen. Servierplatte warm
stellen. In die Mitte der Platte
die Fleischstücke legen, die
Kartoffeln anrichten und mit
der Champignonsauce überzie-
hen.

Kaviar-Kartoffeln (Rußland)

1 kg neue festkochende Kartoffeln, sauber gebürstet,
gekocht in der Schale
2 El Frühlingszwiebeln,
klein gehackt
1 El Petersilie, fein gehackt
200 g saure Sahne, besser
Crème fraîche, gut gekühlt

1 Dose echter Kaviar oder
„Deutscher Kaviar"
Salz
Pfeffer

Kartoffeln etwas aushöhlen und
mit Salz und Pfeffer bestreuen.
¼ Tl Frühlingszwiebeln und

1 Tl gut gekühlte saure Sahne
in die Höhlung geben. Mit
Petersilie bestreuen und mit
dem Kaviar bedecken.
Kartoffeln heiß servieren.
Das Gericht ist auch als Vor-
speise geeignet.

Afrikanische Boulettes (Afrika)

400 g Seelachs
1 Zwiebel
2 große Tomaten
2 bis 3 Knoblauchzehen
1 Bund Petersilie
2 alte Brötchen
400 g Kartoffeln oder
1 ½ Portionen fertiges Kartoffelpüree
2 Eier
Salz
Pfeffer
Selleriesalz
Cayennepfeffer
2 El Mehl
1 gesalzenes Ei
2 El Semmelbrösel
30 g heißer Butter
1 Zitrone (½ Saft, ½ Scheiben)

Dazu folgende Sauce reichen:
1 Zwiebel, klein gehackt
2 El Butter
3 El Tomatenmark
2 Tassen Kartoffelwasser
2 El Essig

Seelachs säubern, mit Zitronensaft beträufeln, salzen, Zwiebeln, Tomaten, Knoblauchzehen, Petersilie und Brötchen in der Küchenmaschine zerkleinern. Kartoffeln (vorwiegend festkochend) schälen, kochen (Kartoffel-Wasser abfangen und später weiter verwenden) und zerdrücken oder Kartoffelpüree aus Fertigpackung nach Anleitung herstellen. Mit Eiern in die Küchenmaschine geben und alles gut verkneten, mit Salz, Pfeffer, Selleriesalz, Cayennepfeffer abschmecken und Klopse formen. Klopse nacheinander in Mehl, Ei und Semmelbröseln wälzen und in Butter von beiden Seiten braun braten. Mit den Zitronenscheiben belegen und warm stellen. In Butter goldgelb dünsten. Tomatenmark und Kartoffelwasser sowie Salz und Cayennepfeffer dazugeben. Gut verrühren und kochen lassen, bis die Sauce dick ist. Zum Schluß mit wenig Essig abschmecken. Fischbällchen in die Sauce legen und 15 bis 20 Minuten darin ziehenlassen.

Lamm-Stew (USA)

750 g mittelgroße Kartoffeln, vorwiegend festkochend, roh, geschält und geviertelt
500 g Lammfleisch (Schulteroder Bruststück), in Würfel geschnitten
5 Karotten, gewaschen, geputzt und in dicke Scheiben geschnitten
6 Zwiebeln, geschält und geviertelt

½ Tasse grüne Erbsen aus der Dose
2 El Butterschmalz
1 Tl Worcestersauce
2 El Mehl
Wasser
¼ Tl frisch gemahlener Pfeffer
Salz

Lammwürfel in Butterschmalz scharf anbraten. Mehl, Salz und Pfeffer darüberstreuen und mit soviel Wasser angießen, daß das Fleisch bedeckt ist. Ca. 40 Minuten köcheln lassen. Kartoffeln, Karotten und Zwiebeln dazugeben, kurz aufkochen und dann weiterköcheln lassen, bis das Gemüse gar ist. Kurz vor dem Servieren die Erbsen hinzufügen und mit Worcestersauce abschmecken.

Rösti *(Schweiz)*

1 kg Pellkartoffeln
2–3 El Öl
oder 5 El Butter oder
Margarine
Salz

Pellkartoffeln am Vortag zubereiten, schälen. Am nächsten Tag grob raffeln. Salzen. Die Hälfte des Fettes in die Pfanne geben und erhitzen. Die geraffelten Pellkartoffeln hineingeben und die Unterseite der Rösti in 20 bis 25 Minuten bei schwacher Hitze goldgelb braten.

Während des Bratens die geraffelten Kartoffeln mit dem Bratenwender zu einem festen Fladen zusammendrücken und die Unterseite goldbraun braten. Dann auf einen Teller oder Pfannendeckel stürzen. Das restliche Fett in die Pfanne geben und die Rösti mit der gebackenen Seite nach oben wieder in die Pfanne zurückgleiten lassen. Nun die zweite Seite knusprig braun braten. Man kann auch mehrere kleinere Rösti in einer Pfanne zugleich braten.

Empfehlung:
Besonders lecker sind Röstis zu Kalbsgeschnetzeltem. Ebenso passen sie zu herzhaften Fleischgerichten oder Spiegeleiern. Ein frischer Salat dazu ergänzt die Röstis zum Menü.

Rösti – ein Schweizer Nationalgericht – dort „Röschti" genannt – gibt's in vielen delikaten Variationen. Einige aus dieser Vielfalt finden Sie unten.

Rösti-Variationen *(Schweiz)*

Käse-Rösti:
Rösti auf der ungebackenen Seite mit 200 g in Scheiben geschnittenem Edamer belegen und im heißen Backofen oder in einer zugedeckten Pfanne backen, bis der Käse geschmolzen ist. Mit Kümmel oder feingeschnittenem Schnittlauch bestreuen.

Schinken-Rösti:
2 große Zwiebeln und 100 g durchwachsenen Schinkenspeck fein würfeln. In der Pfanne auslassen und dann die Rösti daraufgeben.

Buntes Rösti:
1 Tasse gemischtes Gemüse (Erbsen, Möhren, Spargel) mit 1 Tasse Geflügelfleisch und 1 Tasse weißer Grundsauce vermischen. Diese Mischung auf die fertigen Rösti geben und im Backofen oder unter dem Grill überbacken.

Tomaten-Rösti:
Die fertigen Rösti mit 4 Scheiben Salami und reichlich Tomatenscheiben belegen und mit grobem Pfeffer bestreuen. Darauf 4 Scheiben Schmelzkäse geben und alles im Backofen oder unter dem Grill überbacken.

Rösti mit Preiselbeeren:
Fertige Rösti reichlich mit Preiselbeerkompott bestreichen und servieren, am besten zu Sauerbraten oder Wild.

Rösti mit Kräutern *(Schweiz)* △

1 Pckg. Rösti im Frische-Pack
2–3 El frische, gehackte Kräuter (wie Petersilie, Schnittlauch, Dill, Liebstöckel, Oregano, Basilikum)
Pfeffer
Salz
Muskat

Inhalt der Röstipackung in eine mittelgroße, kunststoffbeschichtete Pfanne geben und mit einem Pfannenwender gleichmäßig auf dem Pfannenboden verteilen. Ab und zu durchrühren und kurz anbraten. Die Kräuter daruntermischen und mit Pfeffer, Salz und Muskat würzen. Dann die Rösti formen, d. h. die Kartoffelmasse vom Rand zur Mitte gut andrücken. Bei mittlerer Hitze etwa 5 Minuten braten, bis eine goldbraune Kruste entsteht.

Einen großen, flachen, glatten Deckel oder Teller auf die Pfanne legen. Teller und Pfanne fest aufeinanderdrücken und mit Schwung umdrehen. Die Rösti, mit der gebräunten Seite nach oben, vom Teller in die Pfanne gleiten lassen und die zweite Seite ebenfalls in ca. 5 Minuten goldbraun braten.

Westfälische Kartoffelpuffer vom Blech *(Deutschland)* *(Abb. S. 195)*

1 kg Kartoffeln
1 Ei
85 g Grieß und 85 g Mehl
1–2 El Majoran
1 feingehackte große Zwiebel
Salz und Pfeffer
30 g Schweineschmalz
250 g magerer geräucherter
Speck

Kartoffeln (vorwiegend festkochend) schälen und grob reiben. Sobald sich in der Schüssel Kartoffelwasser absetzt, 2 bis 3 El abfüllen. Schneller geht es natürlich, wenn man dazu fertiges Kartoffelpufferpulver aus der Packung verwendet und es nach Packungsanweisung zubereitet.
Ei, Grieß und Mehl, Majoran, Zwiebel sowie Salz und Pfeffer nach Geschmack unter die Kartoffeln mischen.

Backblech mit Schmalz einfetten. Kartoffelteig 1½ bis 2 cm dick auf das Blech streichen. Mit Speck, in dünne Scheiben geschnitten, belegen und auf die mittlere Schiene des vorgeheizten Backofens schieben. Bei 190° C etwa 45 bis 60 Minuten backen. Nach dem Backen in rechteckige Stücke schneiden und heiß servieren.

Kartoffelnockerln mit Kräutern *(Österreich)*   ▷

500 g Kartoffeln, vorwiegend
festkochend, geschält, gekocht
und warm zerdrückt
100 g feiner Spinat
1 El Butter
4 El Petersilie, 1 El Schnittlauch, 1 El frischer Basilikum,
1 El frischer Majoran (alle
Kräuter fein gehackt)
2 Eigelb
175 g Allgäuer Emmentaler,
fein gerieben
75 g Mehl
einige Tropfen Zitronensaft
Butter zum Einfetten und für
Butterflöckchen
Salz, Muskat

Den Kartoffelbrei mit ½ El Butter und Salz auf den Herd stellen und unter ständigem Rühren trocknen. Die gleiche Prozedur gilt für den Spinat, aber in einem gesonderten Topf. Kartoffeln, Spinat, Eier, 100 g geriebenen Käse und alle Kräuter gut vermischen. Mehl hinzufügen und mit Salz, Muskat und einigen Tropfen Zitronensaft abschmecken. Gründlich durchkneten. Ofen auf 200° C stellen. Die Nockerl am besten mit zwei Teelöffeln vom Teig abstechen. Der Teig ist sehr klebrig. Reichlich Wasser mit Salz zum Kochen bringen und die Nockerln in dem leicht siedenden Wasser garkochen. Nockerln sind gar, wenn sie oben schwimmen. Mit einem Schaumlöffel herausnehmen, abtropfen lassen und in eine große, gebutterte Auflaufform geben. Mit dem restlichen Käse bestreuen und mit Butterflöckchen besetzen. Kurz in den vorgeheizten Ofen stellen, bis der Käse ganz verlaufen ist.

Dazu gibt es:
Salat und Koteletts.

Gemüsepyramide (Belgien)

(Für 6 Personen)

400 g kleine Kartoffeln, vorwiegend festkochend, gekocht in der Schale (möglichst schon am Vortag), gepellt und in Scheiben geschnitten
250 g Champignons, in kleine Scheiben geschnitten
2 Zwiebeln, fein gehackt
1 Tomate, Haut abgezogen, in kleine Würfel geschnitten
1 El Petersilie, fein gehackt
1 kleiner Blumenkohl
200 g TK Blattspinat, tiefgefroren
2 Eigelb
1 El Sahne
80 g Butter
1 El Öl
Butter zum Einfetten
Pfeffer
Muskat
Salz
einige Tropfen Feinwürzmittel

1 El Öl und 20 g Butter in einer Pfanne sehr heiß werden lassen, Kartoffeln darin schön braun und knusprig braten, beiseite stellen. 1 Zwiebel in 20 g Butter glasig dünsten, Champignon und Petersilie darin sautieren, mit Salz und Pfeffer würzen, beiseite stellen. Blumenkohl in kochendem Wasser garen, abgießen, kalt stellen. Blumenkohl durch ein Sieb streichen, zu Brei verarbeiten und mit Muskat sowie Salz abschmecken, beiseite stellen. 1 Zwiebel in 20 g Butter glasig dünsten, die Tomatenwürfel und den tiefgefrorenen Blattspinat hinzufügen. Öfters umrühren, bis der Spinat ganz aufgetaut ist. Mit Salz und einigen Tropfen Feinwürzmittel sowie Pfeffer abschmecken, kurz aufkochen lassen, beiseite stellen.

Backofen auf 180° C stellen. Eier mit Sahne und 20 g Butter verrühren.
Förmchen mit Butter einfetten. Zuerst die Kartoffeln, dann den Spinat, den Blumenkohl und zum Schluß die Champignons einschichten. Schichten jeweils glattstreichen und einen El der Eiermischung darübergeben.
In den Bräter etwas Wasser gießen, die Förmchen daraufsetzen und mit Alufolie abdecken.
Alles in den vorgeheizten Ofen schieben und 25 Minuten backen lassen.
Förmchen herausnehmen, kurz stehen lassen, stürzen und auf einer Servierplatte heiß servieren.

Canberra-Schüssel *(Australien)*

500 g Kartoffeln, vorwiegend festkochend, roh, geschält und grob gerieben
2 Zwiebeln, grob gerieben
2 Tl Petersilie, klein gehackt
1 El Sellerieblätter von Stangensellerie, klein gehackt
2 El Butter
je 1 Msp. Thymian und Majoran
¼ Tl Pfeffer
1 Tl Salz

Ofen auf 200° C vorheizen. Alle Zutaten in einer großen Schüssel gut mischen. Auflaufform mit Butter ausfetten. Kartoffel-Zwiebelmischung hineinfüllen, gleichmäßig verstreichen und mit Butterflöckchen belegen. Form mit Alufolie bedecken und in den vorgeheizten Ofen schieben. Nach 20 Minuten die Alufolie abnehmen, so daß die

Kartoffeln eine schöne braune Kruste erhalten.

Dazu gibt es:
Schweinebraten und Rosenkohl.

Roly Poly *(England)*

300 g Kartoffeln (vorwiegend festkochend), geschält, gekocht und durchgedrückt
500 g Hackfleisch, halb und halb
2 Eier, hartgekocht und in kleine Würfel geschnitten
75 g Tilsiter, fein gerieben
2 Eier, leicht geschlagen
1 TL verschiedene frische Kräuter (Schnittlauch, Petersilie, Dill und Kresse), fein gehackt
Salz
Pfeffer

Kartoffeln, hart gekochte Eier, Käse, Salz und Pfeffer in eine Schüssel geben. Geschlagene Eier (bis auf 2 El) hinzufügen und gut verrühren. Hackfleisch mit frischen Kräutern mischen. Hackfleisch auf bemehltes Pergamentpapier (auf einer glatten Arbeitsfläche) ausrollen. Kartoffelmasse gut vermengen und bis auf 1 cm am Rand auf das Fleisch streichen. Fleisch mit Füllung aufrollen wie zu einer Biskuit-Rolle, Enden

zusammendrücken. Fleischrolle in eine Kasserolle legen, mit restlichem Ei bestreichen und mit Alufolie leicht abdecken. In den vorgeheizten Ofen schieben und 45 Minuten bei 190° C backen. Folie wegnehmen und noch einmal 15 Minuten überbacken.

Dazu gibt es:
grünen Salat.

Für Kartoffelteig beachten: Gekochte, heiße Kartoffeln entpellen, durchpressen und dann erkalten lassen; oder gekochte und erkaltete Kartoffeln für den Teig reiben.

Papas Colombia *(Kolumbien)*

500 g Kartoffeln, vorwiegend
festkochend, in der Schale in
Salzwasser gekocht
2 Zwiebeln,
in Würfel schneiden
3 große Tomaten (einige
Sekunden in kochendes Wasser
legen, herausnehmen, Schale
abziehen und Tomaten in kleine
Würfel schneiden)
125 g Allgäuer Emmentaler
(Käse reiben)
1 El Butter
70 ml Milch
Butter zum Einfetten
½ Tl frisch gemahlener Pfeffer
⅛ Tl Kreuzkümmel (Cumin)
½ Tl Cayennepfeffer

Kartoffeln pellen, in Hälften
schneiden und warm stellen.
Zwiebeln in der Pfanne mit
Butter goldgelb dünsten.
Tomaten dazugeben und
5 Minuten köcheln lassen.
Pfeffer, Kreuzkümmel und
Cayennepfeffer, Salz sowie
Milch hinzufügen.
Geriebenen Käse unterziehen
und so lange rühren, bis er
geschmolzen ist. Nicht kochen
lassen.
Flache Auflaufform mit Butter
einfetten. Kartoffeln in der
Auflaufform mit der Schnitt-
fläche nach oben anrichten.
Heiße, dicke Tomaten-Käse-

Sauce darübergießen und sofort
servieren.

Dazu gibt es:
Steaks.

Himmel und Erde *(Deutschland)*

1000 g Kartoffeln (festkochend
oder mehligkochend)
500 g Äpfel, möglichst nicht zu
süß
2 Eier, getrennt
Butter zum Einfetten
1 Prise Salz

Kartoffeln waschen, schälen
und in Viertel schneiden. Äpfel
schälen und in Viertel schneiden.
Kartoffeln in einen Topf geben,
etwas Wasser hinzufügen und
kochen lassen. Wenn die Kartoffeln halbgar sind, Äpfel hinzufügen und weiter köcheln
lassen.
Wasser abgießen, heiße Kartoffeln und Äpfel durch ein Sieb

schlagen. Eigelb und eine Prise
Salz hinzufügen.
Eiweiß mit Küchenmixer zu
Eischnee rühren und vorsichtig
unterheben. Masse in gefettete
Auflaufform geben und in vor-
geheizten Ofen schieben. Back-
zeit 25 Minuten.

Dazu gibt es:
Geröstete Blutwurstscheiben
mit Zwiebeln und Salat.

Himmlischer Sauerkraut-Topf „Olé" (Deutschland) ▷

1 Zwiebel
Butterschmalz zum Braten und
für die Form
600 g Sauerkraut
⅛ l trockener Weißwein
50 g Zucker
5 Lorbeerblätter
1 El Butter
500 g gemischtes Hackfleisch
Pfeffer und Salz
Paprikapulver, edelsüß
500 g gekochte Kartoffeln
50 g Paprikastreifen aus dem
Glas
1 Stange Porree (das Weiße)
8 El Crème fraîche
100 g geriebener Hartkäse

Die fein gehackte Zwiebel in einem Topf in Butterschmalz glasig dünsten, das Sauerkraut, den Weißwein, Zucker, Lorbeerblätter und den El Butter dazugeben, ca. 5 Minuten zugedeckt kochen lassen.
Die in kleine Würfel geschnittenen Zwiebeln in einer Pfanne in Butterschmalz anbraten. Das Hackfleisch dazugeben, mit Pfeffer, Salz und Paprika würzen, ca. 10 Minuten braten. Dabei ständig rühren, damit das Hackfleisch locker bleibt. Das Sauerkraut in eine gut mit Butterschmalz gefettete, feuerfeste Form geben, das Hackfleisch darauf verteilen, die gekochten Kartoffeln in Scheiben schneiden und damit abdecken. Die Paprikastreifen und den feingeschnittenen Porree darüberstreuen, die Crème fraîche und den geriebenen Käse darauf verteilen. Im vorgeheizten Backofen bei 180° C (Gas: Stufe 3) 20 bis 25 Minuten backen.

Ungarischer Kartoffelauflauf (Ungarn)

1 kg Kartoffeln
Salz
Pfeffer
250 g Tomaten
3 Paprikaschoten
(rot und/oder grün)
200 g Emmentaler
Salz und Pfeffer
¼ l süße Sahne
2 El Butter

Kartoffeln (vorwiegend festkochend) schälen und in hauchdünne Scheiben schneiden, mit Salz und Pfeffer würzen. Tomaten kurz brühen, abziehen und in Scheiben schneiden. Paprikaschoten vierteln, entkernen, waschen und in Streifen schneiden. Käse grob raspeln oder in Würfel schneiden. Die Hälfte der Kartoffelscheiben in eine gebutterte Auflaufform füllen. Mit Salz und Pfeffer vermischen. Darauf Tomaten, Paprikaschoten und Käse in der genannten Reihenfolge geben, mit den restlichen Kartoffelscheiben bedecken. Pfeffern und salzen, süße Sahne erhitzen und darüber geben. Butter als Flöckchen darauf verteilen und mit Reibkäse bestreuen. Bei 225° C in den vorgeheizten Backofen schieben und auf der unteren Schiene etwa 60 Minuten backen. Eventuell nach 30 bis 45 Minuten mit Alufolie bedecken.

217

Ratatouille à la Provence (Frankreich)

500 g Kartoffeln, vorwiegend festkochend, roh, geschält und in Scheiben geschnitten
2 Auberginen, in Scheiben geschnitten
3 Zwiebeln, in Scheiben geschnitten
3 kleine Einmachgurken, in Scheiben geschnitten
4 Tomaten
2 grüne Paprikaschoten, in Streifen geschnitten
4 El Öl
100 g durchwachsener Speck, in Würfel geschnitten

150 g Allgäuer Emmentaler, gerieben
2 Knoblauchzehen, zerdrückt
Butter zum Einfetten
Salz
frisch gemahlener Pfeffer

Wasser zum Kochen bringen, Tomaten ganz kurz hineinlegen, herausnehmen, Schale abziehen, beiseite stellen. Speck in Öl hellgelb braten, Kartoffeln und die verschiedenen Gemüsesorten dazugeben. Knoblauchzehe, Salz und Pfeffer hinzufügen und alles zusammen gar dünsten. Große Auflaufform mit Butter einfetten. Gemüsemasse hineinfüllen und mit geriebenem Käse bestreuen. Auflaufform in vorgeheizten Ofen schieben und überbacken. Backzeit 15 Min.

Dazu gibt es:
Spiegeleier und Weißbrot.

Pizza Alemagna (Deutschland)

1 Pckg. Kartoffelpuffer (Fertigprodukt)
8–10 Scheiben roher Schinken oder Salami oder Fleischwurst
8–10 Scheiben Schnitt- oder Schmelzkäse oder 60 g geriebener Käse
Fett zum Ausbacken
3 bis 4 Tomaten (evtl. Oliven, Anchovis)

Kartoffelpuffer nach Vorschrift mit Wasser anrühren und quellen lassen. Rohen Schinken oder Wurst in Scheiben oder Streifen schneiden, ebenso die Käsescheiben oder den Schmelzkäse. Von der angerührten Kartoffelmasse kleine Portionen oder einen großen Pfannkuchen in das heiße Fett in der Pfanne geben und auf einer Seite kroß backen. Dann wenden (den großen Pfannkuchen mit Hilfe eines flachen Deckels) und die gebräunte Seite mit Schinken oder Wurst, mit Käse und den gewürfelten oder in Scheiben geschnittenen Tomaten belegen. Pfanne mit dem Deckel schließen und Pizza bei mittlerer Hitze fertigbacken, bis der Käse geschmolzen ist.

219

Croker-Torte *(England)*

150 g Kartoffeln, mehligkochend, geschält, gekocht und
zerdrückt
250 g Mehl
100 g Butter
1 Tl Backpulver
Prise Salz
Butter zum Einfetten

Zutaten für den Belag:
500 g Kalbsnieren
1 große Zwiebel, klein
geschnitten
200 g Champignons, in feine
Scheiben geschnitten
2 El Butter
2 El Mehl
½ l Kalbs- oder Hühnerbrühe
4 El trockener Weißwein
1 El Petersilie
½ Tl Senf
Salz
Pfeffer
¼ Tl Majoran, getrocknet

Aus Mehl, Butter, Salz und Backpulver einen mürben Teig kneten. Kartoffeln hinzufügen und noch einmal durchkneten. Teig mindestens eine Stunde im Kühlschrank ruhen lassen. Solange der Teig im Kühlschrank ruht, den Belag fertig machen. Nieren säubern, von den inneren Gängen befreien und in Scheiben schneiden. Zwiebeln in Butter goldgelb dünsten, Champignons und ½ El Petersilie hinzufügen und gut durchrühren. Nieren dazugeben und 3 Minuten bräunen lassen, sie müssen innen noch rosarot sein. Mit Mehl bestreuen und mit Brühe aufgießen. Senf, Majoran, Salz und Pfeffer unterrühren und mit Weißwein abschmecken. Teig aus dem Kühlschrank nehmen, ausrollen und in die Springform legen. Mit einer Gabel mehrmals einstechen. Springform in den vorgeheizten Ofen stellen und 15 Minuten bei 180° C backen. Springform herausnehmen, mit Nierenmischung füllen und noch einmal 5 Minuten in den Ofen stellen. Mit restlicher Petersilie bestreuen und heiß servieren.

Dazu paßt:
Feldsalat

Um das Jahr 1640 kam der Kartoffel-Sortenname „Crokers" in Irland auf. Damals nannte der Volksmund die Kartoffeln nach seinem Besitzer: Crokers Feld in Youghal.

Abb. S. 195:
Schokoladenwurst für große
und kleine Kinder
(Rezept S. 230)

Kartoffelstangen

125 g Kartoffeln, vorwiegend
festkochend
125 g Butter
125 g Mehl
Salz nach Geschmack
1 verquirltes Ei
Kümmel
grobes Salz
Mohn

Kartoffeln in Salzwasser kochen und reiben. Mit Butter, Mehl und Salz zu einem Teig verkneten. Den Teig in vier Portionen teilen, zu Rollen formen und jede Rolle in 15 Stücke schneiden. Aus jeder Portion eine kleine, fingerlange Stange rollen, mit dem Buntmesser mehrmals einkerben, mit Ei bestreichen. Die Stangen abwechselnd mit Kümmel, grobem Salz und Mohn bestreuen. Bei 200° C im Backofen etwa 10 Minuten goldgelb backen.

Carolines Kartoffeltorte

400 g Kartoffeln, vorwiegend
festkochend, geschält, gekocht
und zerdrückt
150 g Haselnüsse,
fein gerieben
50 g Mandeln oder Walnüsse,
fein gerieben
5 El Grieß
5 Eigelb
225 g Zucker
3 El Milch
2 El Rum oder Kirschschnaps
Saft und abgeriebene Schale
einer unbehandelten Zitrone
3 Tl Backpulver
5 Eischnee
Butter zum Einfetten und Semmelbrösel

Zum Füllen und Garnieren:
1 Glas Orangen-Marmelade
12 Nüsse oder Mandeln
8 Coctailkirschen,
in Hälften geschnitten
Puderzucker

Eigelb, Milch, Rum und Zucker gut verrühren. Saft und Schale der Zitrone hinzufügen. Kartoffeln, Nüsse, Grieß und Backpulver dazugeben und gut verrühren. Eiweiß fest schlagen und vorsichtig unterziehen. Springform einfetten und mit Semmelbrösel bestreuen. Masse in Kuchenform füllen und in vorgeheizten Ofen schieben. 45 Minuten bei 180 ° C backen lassen. Herausnehmen, kühl stellen. Kurz vor dem Servieren mit einem großen Messer quer durchschneiden und mit Orangen-Marmelade füllen. Auch die Seiten und die Oberfläche bestreichen. Mit Puderzucker bestreuen und mit Nüssen und Cocktailkirschen garnieren.

Die Torte eignet sich vorzüglich zum Einfrieren, allerdings ohne Füllung und Garnitur. Sie ist in der Tiefkühltruhe ca. 3 Monate haltbar.

Nassen Teig mit nassen Händen formen, trockenen Teig mit trockenen Händen.

Kartoffelteig für süße und salzige Kuchen

150 g Kartoffeln, mehligko-chend, geschält, gekocht und zerdrückt
250 g Mehl
100 g Butter
1 Tl Backpulver
2 El Zucker
abgeriebene Schale einer unbehandelten Zitrone
1 Prise Salz
Butter zum Einfetten

Aus Mehl, Butter, Zucker, Salz, Backpulver und Zitronen-schale einen mürben Teig kne-ten. Kartoffeln hinzufügen und noch einmal durchkneten. Teig in Alufolie eingewickelt min-destens eine Stunde im Kühl-schrank ruhen lassen. Teig her-ausnehmen, ausrollen und in eine Springform legen. Mit einer Gabel mehrmals einste-chen. 15 bis 20 Minuten bei

180° C backen lassen und mit den gewünschten Zutaten bele-gen. Wenn der Teig mit Fleisch oder Gemüse belegt wird, den Zucker und die Zitronenschale weglassen.

Diesen Teig kann man wunder-bar in Folie eingewickelt in der Tiefkühltruhe aufbewahren.

Kartoffelhalbmonde und Kartoffeltaschen ▷

250 g Kartoffeln, vorwiegend festkochend
125 g Butter
125 g Zucker
2 Eier
1 Päckchen Vanillinzucker
500 g Mehl
1 Päckchen Backpulver
1 Prise Salz
8 Tl Aprikosenkonfitüre
8 Tl Himbeerkonfitüre
1 Eigelb
Hagelzucker

Kartoffeln kochen und reiben. Aus Butter, Zucker, Eiern, Vanillinzucker, Mehl, Backpul-ver und Salz einen Knetteig herstellen. Teig in 2 Portionen teilen. Die eine Teighälfte aus-rollen und 8 x 10 cm große Rechtecke ausradeln. Auf jedes Rechteck 1 Tl Aprikosenkon-fitüre geben, übereinanderklap-pen und mehrmals einradeln. Die andere Teighälfte ebenfalls ausrollen, runde Plätzchen (Durchmesser 8 cm) ausstechen und mit je 1 Tl Himbeerkon-

fitüre füllen. Zu Halbmonden zusammenklappen. Beide Gebäcksorten mit Eigelb bestreichen, mit Hagelzucker bestreuen. In etwa 10 bis 15 Minuten bei 185 bis 190° C goldbraun backen.

Wenn Kartoffelmonde oder -taschen auf Vorrat gebacken werden, sollte man sie nur ganz hell backen, einfrieren und zum Verzehr frisch aufbacken.

Hessische Kartoffeltorte ▷

500 g Kartoffeln (festkochend)
9 Eier
250 g Zucker
Saft von 3 Zitronen (ca. 15 El)
abgeriebene Schale von .
1½ ungespritzten Zitronen
50 g Mandeln, gehackt
1 gehäufter El Grieß
Butter zum Einfetten
1–2 El Semmelbrösel oder
gehackte Mandeln
Puderzucker

Kartoffeln schälen und ohne Salz halbgar kochen. Reiben. Eiweiß von 9 Eiern mit der Hälfte des Zuckers steif schlagen. Eigelb mit der anderen Hälfte des Zuckers schaumig schlagen. Zitronensaft und geriebene Zitronenschale, gehackte Mandeln und Grieß zu gerührtem Eigelb geben. Kartoffeln und Eischnee zuletzt unterziehen. Eine Springform (Durchmesser 26 cm) mit Butter einfetten und mit Semmelbröseln oder gehackten Mandeln ausstreuen. Teig in die Form füllen, im vorgewärmten Backofen bei ca. 175 bis 180° C 1½ Stunden backen. Eventuell mit Backpapier oder Folie abdecken. Mit einer Schablone (aus Pergament geschnittenes Muster) den aus der Form gelösten abgekühlten Kartoffelkuchen bedecken. Mit Puderzucker das Muster ausstreuen. Schablone entfernen.

Königsküchlein

500 g mehligkochende Kartoffeln, geschält, gekocht und zerdrückt (oder 2 Portionen Püree-Fertigprodukt)
250 g Mehl
70 g Butter
1 El Zucker
4 El saure Sahne
1 Tl Vanillin-Zucker
3 Eigelb
Eiweiß
Stachelbeermarmelade
4 El Butter
1 El Zimt
3 El Zucker

Butter, Eigelb, Zucker und Vanillin-Zucker in einem Mixer gut verrühren. Kartoffelpüree, saure Sahne und Mehl dazugeben. Teig gut durchkneten und dünn ausrollen. Mit einem Ausstecher oder einem großen Wasserglas (Durchmesser 7–8 cm) 18 Scheiben ausstechen. 1 cm des äußeren Kreises mit Eiweiß bestreichen und fast in die Mitte 1 Teelöffel (oder mehr) Stachelbeermarmelade füllen. Andere Teighälften über die Marmelade klappen und den äußeren Rand mit den Fingern zusammendrücken. Butter in der Pfanne heiß werden lassen und Küchlein darin von beiden Seiten ca. 10 Minuten bräunen. Zimt und Zucker mischen und Gebäck darin wälzen. Möglichst heiß servieren.

Erdäpfelstrudel

Für den Teig:
250 g Mehl
2 El Öl
1 Ei
⅛ l Wasser
1 Tl Essig
1 Prise Salz

Für den Belag:
300 g Kartoffeln, geschält,
gekocht und zerdrückt
80 g Butter
50 g Zucker
2 Eier, getrennt
1 Prise Salz
abgeriebene Schale einer halben unbehandelten Zitrone
⅛ l saure Sahne
50 g geriebene Mandeln
20 g in Rum eingelegte Rosinen
2 Eiweiß
40 g flüssige Butter
Butter zum Einfetten
⅛ l Milch
1 Pckg. Vanillinzucker

Mehl, Öl, Ei, Wasser, Essig und
Salz zu einem Teig verarbeiten
und gut durchkneten. Er muß
sich glatt und geschmeidig
anfühlen. In Alufolie einwickeln und im Kühlschrank
mindestens eine halbe Stunde
ruhen lassen.
Auf einem mit Mehl bestäubten
Küchentuch den Teig so lange
ausziehen, bis er ganz durch-
sichtig ist. Man soll eine Zei-
tung durch den Teig hindurch
lesen können.
Butter, Zucker, Eigelb vermischen und mit dem Mixer
schaumig rühren. Salz sowie
abgeriebene Zitronenschale
dazugeben. Abgekühlte Kartoffelmasse hinzufügen ebenso
saure Sahne, geriebene Mandeln und in Rum eingelegte
Rosinen. Eiweiß steif schlagen
und unterziehen. Den ausgeroll-
ten Strudelteig mit flüssiger

Butter (am besten mit einem
Pinsel) bestreichen. Kartoffelmasse auf den Teig setzen und
auf vier Fünftel des Teiges verteilen.
Strudel fest einrollen. Außen
ebenfalls mit Butter einpinseln.
Den Strudel in eine eingefettete
rechteckige Auflaufform geben
und 20 Minuten bei 180° C vorbacken. ⅛ l Milch mit Vanillezucker aufkochen und über den
Strudel gießen. Weiterbacken
bis die ganze Flüssigkeit aufge-
sogen ist (ca. 25 Minuten).
Heiß servieren.

Dazu gibt es:
Vanillesauce.

Geschälte Kartoffeln nicht zu lange im kalten Wasser liegen lassen, damit sie nicht auswässern.

Kartoffel-Hörnchen

▷

250 g Kartoffeln, vorwiegend
festkochend
300 g Weizenmehl
1 Päckchen Backpulver
70 g Zucker, 1 Ei
3 Tropfen Backaroma
„Bittermandel"
etwas Salz
1 El Wasser
50 g kalte Butter
1 verschlagenes Eigelb
je 1 Tl Konfitüre

Kartoffeln als Pellkartoffeln

vom Vortag durchpressen.
Mehl zu zwei Dritteln mit
Backpulver mischen, auf ein
Backbrett sieben. In eine Ver-
tiefung Zucker, Ei, Backaroma,
Salz und 1 El Wasser geben
und mit einem Teil des Mehls
zu einem dicken Brei verarbeiten. Die durchgepreßten abgekühlten Kartoffeln darübergeben. Kalte Butter in Stückchen
darauf verteilen und alles zu
einem glatten Teig verkneten,
mit dem restlichen Mehl ergän-

zen. Den Teig auf ca. 25 x 60
cm ausrollen, quer in 6 Teile
und die Rechtecke noch einmal
diagonal in insgesamt 12 Drei-
ecke schneiden. Die Spitzen
mit verschlagenem Ei bestreichen und auf den breiten Teil
z. B. Zwetschgenmus geben.
Die Hörnchen rollen, auf eine
gefettetes Backblech legen und
mit dem restlichen Eigelb
bestreichen. Im vorgeheizten
Backofen ca. 20 Minuten bei
220 Grad backen.

Schokoladenwurst für große und kleine Kinder *(Abb. S. 221)*

125 g geschälte, vorwiegend
festkochende Kartoffeln
50 g Butter
120 g Schokoladenkuvertüre
Halbbitter
60 g Schokoladenkuvertüre
Vollmilch
2 El Puderzucker
ausgelöstes Mark von
2 Vanille-Schoten
1 gute Prise Salz
5 kleingehackte Nüsse
evtl. 1 Tl Rum
Kakaopulver oder
Puderzucker

Kartoffeln kochen und heiß
zerdrücken. Einen Topf in
heißes Wasser stellen und darin
50 g Butter und Kuvertüre
schmelzen lassen. Vom Herd
nehmen, abkühlen lassen und
Kartoffelbrei unterziehen.
Dazu Puderzucker, ausgelöstes
Vanillemark, Salz, Nüsse und
Rum (nur, wenn die Schokoladenwurst für die großen,
erwachsenen Kinder bestimmt
ist) dazugeben, umrühren und
erkalten lassen. Wenn die
Masse ganz erkaltet ist, eine

Wurst formen und mit Kakaopulver oder Puderzucker über-
ziehen, 2 bis 3 Stunden in den
Kühlschrank stellen. Wurst in
Taler aufschneiden und anbieten.

Geschenkidee:
Wurst in Alufolie wickeln,
beide Enden mit bunten Bän-
dern versehen. Ein gutes,
preiswertes, individuelles
Geschenk.

Kartoffeleis

250 g durchgepreßte Kartoffeln
250 g Quark (20 %)
250 g Vollmilch-Joghurt
Schale einer ungespritzten
Zitrone
1–2 Zitronen
½ Vanillestange
2 gehäufte El Zucker
125 g süße Sahne

Sauce:
500 g Erdbeeren
1 El Zucker

Vorwiegend festkochende Kartoffeln waschen und mit der Schale nicht zu weich kochen, abgeschreckt pellen und noch heiß durchpressen. Die Kartoffelmasse kann noch stückig sein.
Durchgepreßte Kartoffeln in der Küchenmaschine eßlöffelweise unter die Mischung aus Speisequark, Joghurt, feingeriebener Zitronenschale, Saft von 2 Zitronen (je nach Geschmack), Mark von ½ Vanillestange und Zucker geben und verrühren. Wenn alles gut verrührt ist, Sahne steif schlagen und ganz vorsichtig unter die Kartoffelmasse heben. Diese in ein Plastikgefäß füllen, das man in den Gefrierschrank stellen kann. Bei dieser Menge muß man mit einer Gefrierzeit von 3 bis 4 Stunden rechnen. Einmal pro Stunde sollte man das Eis gut durchrühren. Sie können natürlich die Eismasse ebensogut in eine Eismaschine füllen, die etwa 30 Minuten benötigt. Kartoffeleis muß als Halbgefrorenes cremig fest serviert werden. Wenn das Eis im Eisfach des Kühlschranks erst einmal durchgefroren ist, also eine Temperatur von –18° C erreicht hat, bilden sich Eiskristalle, die den Genuß sehr beeinträchtigen.

Dazu paßt:
eine Sauce aus pürierten mit Zucker gesüßten Erdbeeren.

Aus dem „Wandsbecker Bothen", von Matthias Claudius:

„*Pasteten hin, Pasteten her,*
was kümmern uns Pasteten!
Die Schüssel hier ist auch nicht leer,
und schmeckt so gut als aus dem Meer
die Austern und Lampreten.
Und viel Pastet und Leckerbrot
verderben Blut und Magen.
Die Köche kochen lauter Not,
sie kochen uns viel eher tot;
ihr Herren, laßt Euch sagen:
Schön rötlich die Kartoffeln sind,
und weiß wie Alabaster;
sie däu'n (verdauen) sich
lieblich und geschwind
und sind für Mann und Weib und Kind
ein echtes Magenpflaster."

Rezeptregister

L

BILDNACHWEIS

Für die freundliche Überlassung der Dias danken wir im einzelnen den folgenden Firmen (in alphabetischer Reihenfolge):

AID – Auswertungs- und Informationsdienst, Bonn, für die Seiten: 17, 19 (beide Abbildungen), 20

Centrale Marketing-Gesellschaft der deutschen Agrarwirtschaft mbH, Bonn, für die Seiten: 10, 11, 14, 21, 23, 25, 27, 29, 33, 35, 36, 45, 47, 49, 51, 59, 63, 65, 67, 69, 71, 73, 83, 85, 87, 93, 95, 99, 107, 109, 113, 123, 127, 129, 131, 135, 137, 139, 173, 175, 177, 179, 181, 185, 187, 189, 193, 195, 197, 199, 201, 203, 205, 207, 211, 213., 215, 217, 219, 221, 223, 225, 227, 229, 231, 233

Fischwirtschaftliches Marketing-Institut, Bremerhaven, für die Seiten: 61, 75, 79, 89, 141

Knorr/Maizena Koch und Back-Centrum, Heilbronn, für die Seiten: 53, 111, 119, 133

Kraft General Foods GmbH, Mainz, für die Seiten: 55, 57, 125

neuform-Kochstudio, Mainz, für die Seiten: 143, 145, 147, 149, 151, 153, 155, 157, 159, 161, 163, 165, 167, 169, 171

Pfanni Werke, München, für die Seiten: 31, 37, 39, 41, 43, 77, 81, 91, 97, 100, 101, 103, 105, 115, 117, 121, 209

Union Deutsche Lebensmittelwerke GmbH, Hamburg, für die Seiten: 183, 191

Umschlagrückseite:

links oben: Centrale Marketing-Gesellschaft der deutschen Agrarwirtschaft mbH, Bonn
rechts oben: Pfanni Werke, München
links unten: Pfanni Werke, München
rechts unten: Centrale Marketing-Gesellschaft der deutschen Agrarwirtschaft mbH, Bonn